TOP営業を育てる自社オリジナル教科書の作り方

加藤じゅういち Jyuichi Kato

日本能率協会マネジメントセンター

はじめに

　人材育成家の加藤じゅういちです。

　今、日本の多くの会社が人手不足、原価高騰、そして顧客ニーズの多様化の三重苦に苛まれています。

　これらはいずれも、会社単体で解消することが難しい課題でしょう。人手不足の根本的な原因の一つは人口減少ですが、食い止めるどころか、この先、深刻度合いは加速していきます。原価は世界情勢などで移り変わり、いつどうなるか予想が難しい問題です。さらに顧客ニーズについては、DXやAIの進化に伴い、多様化と同時に複雑化しています。つまり、この先少ない人数で、利益率の下がる中、多くの顧客に幅広く、細やかな対応をしなければならないという現状があります。

　この三重苦にあって、もっともテコ入れすべき部分が「人材の育成」であり、特にノウハウが属人化する営業職の育成が重要だと私は考えています。営業職が力をつければ、売上を増やすことで利益も作れます。また、顧客への細やかな対応は、直に顧客に接する営業活動にこそ求められます。

　もちろん売上は、社員の給料や、会社の将来への設備投資や開発などへの原資となります。営業職の成長なしには、会社は成長しません。ところが、営業職の育成を苦手とする会社は多いのです。

「成績を上げているトップ営業職がいる一方で、売れていない営業職がいる」
「どうにか育てたいのだけれど、なかなかうまくいかない」
「売れる人、売れない人の差が開くばかり」

　そこで営業ノウハウ本を読ませたり、研修会社のプログラムを受けさ

せたり、営業コンサルタントに入ってもらっている会社もあります。しかしそれらの多くは、正直なところ役に立っていないことが多いのです。

　私はもともと美術大学の出身で、求人広告の制作クリエイティブ職としてリクルートに入社しました。そして、いろいろな部署を経た後、ホットペッパー事業で営業人材の育成に携わりました。

　そこで作ったのが、新卒社員と中途の契約社員を同時に、即戦力化させるトレーニングツールです。

　営業ノウハウとそのトレーニングのステップを一体化させたこのツールはとても効果的で、結果として当時、売上300億規模だったホットペッパー事業の美容領域を売上500億規模に引き上げる大きな下支えとなりました。

　これを元に、他の事業部や転職先の外資系企業でも営業人材の育成に携わり、多くの営業人材を育成しました。現在は独立し、株式会社Loophole japanを設立。多くの顧客に向けて経営支援、事業拡大支援、営業強化による業績拡大支援、人材育成支援、ときに採用支援を行っています。

　私が人材育成支援に携わった会社は、製造業、施設工事業、卸販売業、ITサービス業、HR事業、福祉用具レンタル業、種苗メーカー、アパレル業、美容業、営業代行業など多岐にわたります。そして、ある会社では新規営業売上を3か月で300%アップさせるなど、業界・業種を問わず結果を出してきました。

　なぜ私が業界・業種を問わない人材育成支援ができるのかと言えば、まずリクルートで求人広告を制作する中であらゆる業界・業種を瞬時に理解するという特訓を積み重ねてきたことにあります。また、その各業界で働く人たちのやりがいなどを知り、言語化することをしてきました。

　そしてホットペッパー事業では効果の出る集客広告が持つ原稿構造を

分析し、言語化するという使命を受けることになりました。そのうち今度は売れている人へのインタビューから売れるようになった理由の分析を行うことに。

「営業においても、効果が出るやり方を分析して言語化したほうがいいのではないか」

そう考えて生み出したのが「営業ノウハウとトレーニングのステップを一体化させたツール」＝「自社オリジナル教科書」です。その後もさらに多くの会社での育成経験によりこの「自社オリジナル教科書」を進化させました。自社オリジナル教科書には、私の約30年の経験が詰まっています。

世の中には「こう営業すれば売れる」という本はたくさんあります。しかし「○○業で○○億円売ったノウハウ」と言っても、他の業種や会社でそのまま当てはまるとは限りません。

これらは特定の業種での成功ノウハウを伝えているだけに過ぎない場合も多く、会社によって異なるビジネスモデルや状況に対して的確な解決方法を提案できていないのではないでしょうか。

ならば、むしろ自社のビジネスモデルや状況に合わせた「自社オリジナル教科書」を作ってしまったほうが営業人材の育成には近道です。

本書はこの「自社オリジナル教科書」の作り方と使い方を紹介することで、どんな会社でも営業職を育てることができるように構成しました。一方で、営業職を育てると同時に、指導する立場の管理職の育成力も向上させることもとても重要。営業職と指導者である管理職の力が引き上がることで、会社は大きく成長していくことでしょう。

本書が人材育成に困っている日本中の会社の社長や、事業部長、営業部課長、リーダーたち、また人事部門や企画部門の方々、何より営業職のみなさんの成長に役立つことを願っています。

加藤じゅういち

CONTENTS

はじめに ………………………………………………………………………… 3

序章 **自社オリジナル教科書が必要な理由** 13

1 人材育成の必要性 ………………………………………………………… 15

2 定着しない用語やフレームワークは無意味 ………………………… 17

3 OJTの落とし穴 …………………………………………………………… 19

4 100人の営業職を見てわかった売れる売れないの差 ……………… 21

　●売れる営業職は顧客の要望を跳ね返す ………………………………… 21

　●慎重な念押しで顧客の不安をあおる営業職 ………………………… 22

5 ノウハウは社内にある …………………………………………………… 24

6 「自社オリジナル教科書」ができた瞬間 …………………………… 26

7 自社にフィットするものをつくる ……………………………………… 29

column 「研修って効果あるの？」という質問の不思議 ………………… 30

第1章 **自社オリジナル教科書のススメ** 33

1 人材育成教材を内製化する ……………………………………………… 35

2 メリット① 強い営業チームができる ………………………………… 37

③ メリット②　継続的に新人が育つ ………………………………… 38

●ノウハウが形に残る ………………………………………………… 38

●「無意識」からナレッジを引き出す …………………………………… 38

④ メリット③　会社が成長する …………………………………… 40

●会社の成長へと結びつく理由 ………………………………………… 40

●社員のエンゲージメントが高まる …………………………………… 41

●経営者が経営に注力できる …………………………………………… 42

⑤ メリットを最大限に発揮するために …………………………… 44

●客観的な目を入れる …………………………………………………… 44

●当事者意識をもつ ……………………………………………………… 45

●決めたことをやり切る ………………………………………………… 46

column 人材育成の予算立てに縦割りの発想を持つ ……………………… 48

第2章　教科書の作り方①　前提と準備　49

① 四つの前提 ………………………………………………………………… 51

●育成には期間が必要 …………………………………………………… 51

●マネジメントすべきは行動変容 ……………………………………… 51

●人には四つのタイプがある …………………………………………… 52

●基準を間違えない ……………………………………………………… 53

② 準備①　プロジェクトの結成 ………………………………………… 55

●プロジェクトのメンバーをそろえる ………………………………… 55

●メンバーの人選 ………………………………………………………… 55

●会社に対してアピールしよう ······················ 56

③ 準備②　関連情報を確認する ······················ 58

④ 準備③　営業プロセスを整理する ···················· 60

●自社の営業の流れを図式化する ···················· 60

●計画・準備のつながりを確認する ·················· 62

●商談の流れを押さえる ··························· 63

●振り返り・顧客フォローのやり方を見る ·············· 65

⑤ 営業種別ポイント集 ··························· 67

●法人営業×新規 ····························· 67

●法人営業×既存 ····························· 71

●個人営業×新規 ····························· 72

●個人営業×既存 ····························· 74

⑥ 仮説を立てる ······························· 77

⑦ 育成ターゲットを決める ·························· 79

⑧ 基本となるターゲット顧客を把握する ················· 81

●顧客はケースバイケースではない ·················· 81

●マトリックスで整理する ······················· 82

●教材で学んでもらいたいターゲット顧客を絞る ············ 85

column 「傾聴スキル」と「ソーシャルスタイル理論」は9割の会社が学ぶべき ··· 87

第**3**章 教科書の作り方②
情報収集と研究・分析・整理

89

① 営業の正解の8割が個人インタビューで見える ············· 91

●売れていない人、売れている人の両方から話を聞く ……………… 91

●個人インタビューから見えてくるもの …………………………… 91

② 思い込みを捨てて取り組む …………………………………………… 93

③ 相手の話をそのまま聞くための2つの鉄則 ……………………… 96

④ 個人インタビューで聞くこと ……………………………………… 98

●売れていない人・売れている人に共通の質問 ………………… 98

●売れていない人への質問 ………………………………………… 102

●売れている人への質問 …………………………………………… 105

⑤ 営業の実態をより把握するために ……………………………… 108

⑥ 伝えたいノウハウを絞る …………………………………………… 111

⑦ 同業他社との違いを確認する …………………………………… 113

●同業他社を確認する ……………………………………………… 113

●表に同業他社の情報を落とし込む ……………………………… 114

column これまで見てきた売れる人と売れない人の差トップ7 ……… 118

第4章 **教科書の作り方③
教科書にまとめる**　121

① 育成ゴールの設定が不可欠 ……………………………………… 123

② 現状と育成ゴールとのギャップを明確にする ………………… 125

③ 売れている人と売れていない人の差分を教科書の目次に充てる … 128

【基礎編】①営業の役割 …………………………………………… 130

【基礎編】②マインド・スタンス ………………………………… 131

【基礎編】③知識（自社、業界、商材、顧客、同業他社） ……… 132

【実践編】④計画・準備 ………………………………… 137

【実践編】⑤商談 ………………………………………… 141

【実践編】⑥振返り・顧客フォロー ………………………… 147

【トレーニング編】⑦練習の大切さ ………………………… 147

【トレーニング編】⑧PDCAの回し方 ……………………… 150

④ 動画教材への落とし込みも効果的 ……………………… 153

⑤ 関係者で最終確認をする ………………………………… 155

column 指導の場で言ってはいけない三つのフレーズ ………………… 156

第5章 教科書を使い、ノウハウを定着させる

157

① 指導者に大切なポイント ………………………………… 159

● 指示（指導）と育成の違いを理解する ………………………… 160

● ティーチングとコーチングの使い分け ………………………… 162

② PDCAの考え方 …………………………………………… 165

● C（評価・検証）の重要性 ………………………………… 165

● 報告の受け方 ………………………………………………… 167

③ 3か月PDCAトレーニングを進める ……………………… 171

● トレーニング初日にやるべきこと ………………………… 171

● 「やってみせる同行」と「やらせて、見る同行」……………… 176

● メンタルブロックを外す …………………………………… 181

● ポジティブもネガティブも次に活かす …………………… 183

④ 「引き出しを増やそう」…………………………………… 187

column 1on1 を憂鬱な時間にさせないポイント ……………………………189

第**6**章 **教科書による成長の成果** 191

① 言語化が最強のソリューション …………………………………193
② 成長発表会も育成の場 …………………………………………194
　●入念な準備で臨む …………………………………………………195
　●成長プロセスの共有による相乗効果 ……………………………197
③ 自社オリジナル教科書を更新する ……………………………203
　●社内の共通言語と成長基準 ………………………………………203
　●売れる理由・売れない理由の分析 ………………………………203
　●打ち合わせや営業同行などでの育成 ……………………………203
　●成長タイプ別の育成ノウハウ ……………………………………204
　●自社オリジナル教科書の更新 ……………………………………204
④ 成長の先にあるもの ……………………………………………206
column 学び上手になってもらうためのひと工夫 ……………………208

おわりに …………………………………………………………………210

序章

自社オリジナル教科書が必要な理由

なぜ自社オリジナル教科書が必要なのか？
重要なノウハウは、実は社内にある。
一般化された営業ノウハウではなく、
現実的に役に立つ営業ノウハウを言語化することが
営業人材の育成の近道である。

1 人材育成の必要性

みなさんに「会社や組織に、人材育成は必要でしょうか？」とたずねてみれば、おそらく、口をそろえて「必要です」と答えると思います。

では、なぜ必要なのでしょうか。

それはつまるところ、**一部のトッププレイヤーだけが会社や組織を引っ張るという手法では競争力が保てなくなった**からだと思います。

「会社は学校ではないよ」
「教えてもらうなんて甘い」
「仕事のノウハウは見て盗め」

人は勝手に育つものとされていましたし、もしも育たない人がいても、勝手に育った一部の人が組織全体を引っ張ってくれていました。

だから、たとえば「一人が三年かかって身につけたノウハウを、また別の人間が三年かかって身につける」という非効率な状態でも、よいとされてきました。

人材育成における効率などは考慮されず、かけてきた時間自体が経験であり、ある意味ではスキル習得の証とみなされました。

人材育成に力を入れていなくても、さして重大な問題を引き起こすということはなかったというのが、かつての会社でした。

昔は人口が増える一方でしたから、「極論として、育たない人がいても仕方がない」という会社もあったことと思います。「教える」という行為自体がなかった会社もあったかもしれません。ところが現在、日本の人口は減少の一途をたどっていますし、そんな悠長で無責任なことは

言っていられません。

　さらに言えば、今日は、どの会社もすぐれた商品を売っているため、品質で差をアピールしづらくなりましたし、お客様の目も成熟しました。情報はインターネットですぐに手に入り、商品の比較も容易です。商品が売りにくくなっている現代に、売れている人がいる一方で、売れていない人もいるという状況を無視することはできません。

　一部の売れる人だけに頼るのではなく、売れる人を育てられるようになる必要があります。「売れていない人を引き上げたい」というのは、みなさんに共通の悩みでしょう。

💡 **ポイント**

● 成熟社会を迎え、商品の質で差をアピールするのが難しくなってしまい、営業の役割が大きくなっている。

● 一部のトッププレイヤーに頼るのではなく、売れていない人を引き上げることで、会社全体の体力を高めていかないと生き残っていけない。

2 定着しない用語やフレームワークは無意味

　みなさんの会社や組織でも、これまで多くの人材育成のために手を打ってきたと想像します。

　社外の研修会社が提供している営業研修を導入するケースも多いでしょう。「教えるプロに学ぶ」という方法です。

　しかし、ここに大きな落とし穴が一つあるのです。

　実際のところ、「研修会社による**営業研修で効果が出た**」と思っている経営者は意外と少ないと、よく耳にします。

　何十万円もかけたけれど、売上につながらず「お金をドブに捨ててしまった……」と苦い想いを聞いたこともあります。

　けれど、社内で教えられる人もいませんから、仕方なく、そのままお金をかけているというケースもあるかもしれません。

　社外の営業研修で結果が出ない理由は、どの業界にも合うように**抽象化されているパッケージ**だからと言えるでしょう。

　内容としては正しくても、抽象化しているために、会社個別の、その商材（商品やサービス）にとって重要なポイントがまったく入っていなかったり、覚えたところで二度と口にされない、その研修独自のノウハウ用語を使っていたりすることもあります。必要のない小難しいフレームワークは教わったところで、結局のところ、活用する場面さえありません。

　たとえば泳げない子供が水泳教室に通うとしましょう。そこで「うちは○○法という足の動かし方で教えています」と言っても、子供にはち

んぷんかんぷんです。

そうでなく、バタ足なら「君は指先が丸まっているから、指先まで伸ばしてみよう」と体の使い方を教えてあげたほうが早くに泳げます。

よく「何か一つでもノウハウを持って帰ってくださいね」という研修があります。しかし、本来あるべき研修は違うと思います。

その内容がすぐに活かされて、結果につながっていかないと意味がありません。**人材育成を目的として、営業力を強化するために研修費をかけるのだから結果を出し、費用対効果を上げたいというのは会社にとっては当然の考えではないでしょうか。**

 ポイント

- 営業向けの研修を受けても、本当に成果があったのか疑わしいことも多い。
- 研修のパッケージがどこにでも使えるように抽象化されているため、業界や自社の事情を十分に踏まえておらず、すぐに役立つものになりにくい。

3 OJTの落とし穴

　では一方で、社員同士で教え合う仕組みならいいかと言えば、そうでもありません。

　多くの会社からは、実務を通じて仕事を覚えてもらうOJT（On The Job training）によって、部下や後輩をきたえているという話が聞かれます。

　さて、そのOJT。実はくせ者です。

　「当社は、きちんとOJTで研修を行っていますよ」と社長が話していても、いざ現場を見ると、「教える以前の問題」ということがあります。

　まず、会社として、「誰に何をいつまでに身につけさせよう」という設定がありません。仮に設定があったとしても基準がそろっていません。さらに、指導者ごとに人材育成の手法も熱意もバラバラで「まずはやってみろ」という号令のもと、ただ放置しているだけという方もいます。また指導者にやる気や育成力があったとしても、皆が皆、主観的に「自分のやり方が正しい」と、いわばマウントの取り合いになって、つまずくケースもありえます。

　これでは教えられる側にとっては、当たり外れがあるような状態。結果、人間同士の相性にも大きく左右されてしまい、正直、効果はかなり、まちまちです。

　指導者に悪気があるわけではありません。自分たちがそのようにしか教わっていないため、「誰をいつまでにどのように」といった育成目標の設定も、人材育成のやり方も知らないのです。当然、現場は混乱しますし、これではOJTという名の「現場丸投げ」です。

では、本当に効果の出る教え方とは何なのか。

　私にとって、これはリクルートにいた当時からの大きな問いでした。社内研修や、自主的に受けた外部研修など、多くの研修を受けながら、その答えを探し続けていました。

ポイント

- ●実務を通じて仕事を覚えてもらうOJT（On The Job Training）で部下や後輩を育成するという話がよく聞かれるが、実態としては「現場丸投げ」になっていることが多い。
- ●教わる側からすれば、当たり外れがあるような状態であり、「自分のやり方が正しい」と根拠なく一方的に示されることが続くと、不快なだけでなく混乱してしまう。

4 100人の営業職を見てわかった売れる売れないの差

　リクルートで制作クリエイティブ職として求人広告などの制作に携わる中で、また、ときに営業企画部の立場でも、私は多くの営業職の方に同行しました。およそ100人ほどでしょうか。

　現地・現物・現場主義で、数えきれないほどたくさんのお客様のお話を営業職と一緒に聞きました。

　そこで印象的だったのは、**営業職一人ひとりの営業のやり方がまったく違っている**ということです。

●売れる営業職は顧客の要望を跳ね返す

　カフェチェーンを展開する会社への広告内容の打合せに同行したときのことです。同行した営業職の方は、事業部内でもトップクラスの売上成績の先輩でした。

　お客様はそれまでもリクルートの求人情報誌に定期的に広告を出していただいていました。社員募集のためのモノクロの半ページ分の広告です。

　「今度は幹部候補を前提とした店長を募集しようと思います」

　「そこで今までの半ページを1ページに広げて広告を打とうと思っているんです」

　こうしたお客様の話に、「広告のスペースが倍になるのだな」と思って聞いていた私の横で、そのトップ営業の先輩は笑って答えました。

　「あっはは。ダメですよ」

　思いもよらない言葉に、驚かされました。お客様が広告スペースを倍にすると言っているのに、取り付く島もなく「ダメです」なんて。

しかもトップ営業の先輩は、そのまま打合せを終わらせたのです。もう、わけがわかりません。

ところが、打合せ場所を後にすると、その先輩が私に言いました。

「じゅういち、すぐにカラー2ページのアタック原稿を作れ」

アタック原稿とは、こちらから提案する見本原稿のことです。つまり、先輩が言った「ダメですよ」とは、「幹部候補を前提にした募集広告なのだから、モノクロの1ページではなく、もっと訴求力の高いものを作らなければ『ダメですよ』」という意味だったのです。

結果はどうだったでしょうか。カラー2ページにはならなかったものの、カラー1ページで落ち着くことになりました。もちろんモノクロの1ページよりも広告営業としての売上は格段に上がりました。

●慎重な念押しで顧客の不安をあおる営業職

一方で私は、あまり売れていない営業職の方々の現場にもたくさん同行しました。

あるとき、求人広告の原稿チェックをしてもらうためにお客様のところへ向かいました。

こちらが作った原稿の確認をしてもらい、修正などの要望を聞きます。お客様が「いいですね。この原稿でお願いします」とうなずき、求人広告の完成だなと思った瞬間、その営業職の方は「本当ですか。他に修正する箇所はありませんか？」と念押しをします。慎重な性格だからこその一言かもしれませんが、これではお客様も「ん？　もっと確認する必要があるの？」などと不安になってしまいます。

実際、先ほどとは別のトップ営業の方は同じようなシチュエーションでも、お客様が原稿に修正を入れようとすると、ストップをかけていました。

　給与や勤務時間などの求人条件に関する情報は確認してもらう必要はあるけれど、広告表現である、キャッチコピーやビジュアル訴求の部分の制作クリエイティブは自分たちのほうがプロであるのだから任せてほしいという考えからです。

　相手の意向にブレーキをかける一言は、飛び道具のようなもので、そうそうマネできるものではないでしょう。けれども、**売れている人には売れているだけのノウハウがあり、逆に売れていない人には売れていないだけの原因がある**ということを、数多くの同行の中で知りました。

 ポイント

- 営業職一人ひとりの営業のスタイルはまったく違う。顧客の要望をはねのけたように見えつつも、それよりも効果のある商品を提案することで売上を伸ばす手を打つ人もいる。
- 逆に、あまり売れていない人には、細かいことにこだわりすぎて全体の売上を伸ばす視点が欠けていることなどがある。
- 売れている人には売れているだけのノウハウがあり、売れていない人にはその原因があることを認識する必要がある。

5 ノウハウは社内にある

「まったく違う」という表現をしましたが、実は、そのような中でも、トップ営業が共通してやっていることが隠れています。そしてそれは、ほんの些細なことだったりもします。

そこには、プレゼンテーション資料の準備といった、ごく基本的なことも含まれます。売れている営業職の方や経営者の方にとっては「当たり前のことじゃないか」と思うかもしれません。

ですが、全員が全員やっているかと言うと、**意外とやっていない方が多い**のも事実です。さらに言えば、そんなノウハウは日々の営業の中で見せて学ばせているつもりかもしれませんが、実は、そこで「**勝手に身につく**」という**勘違い**が往々にしてあります。

営業現場はかなり個人技の世界で、ノウハウは属人化しています。実のところ「見て覚えろ」と言われても、「どこを見て、何をすればいいのか」という判断も簡単ではありません。

「では、基本的なノウハウを覚えてもらおう」と、社外研修を導入するわけですが、的のずれている用語やスキルを詰め込まれることも多く、結局は役に立たないことが多いということについては先に触れたとおりです。

場合によっては一般論から一通りおさらいされるために、会社の事情からすれば回り道になってしまうことだってあります。

売れるノウハウはすでに社内にあります。それを伝えてしまうほうが近道です。

　それも「見て覚えろ」ではなく、きちんと型にして言語化し、共通認識をつくる。ノウハウを教えることまでをパッケージにした、自社の実態に合わせたオリジナル教材があったほうがよい。

　これが当時の私の仮説でした。

ポイント

● トップ営業が共通してやっていることは、実はほんの些細なことだったりもする。

● 売れるノウハウはすでに社内にあるので、言語化して共通認識を作った方がよい。

「自社オリジナル教科書」ができた瞬間

　私はリクルートでホットペッパー事業の営業企画室に配属され、そこで営業職の育成というミッションが与えられました。

　そして外部研修を採り入れたはいいけれど期待するほどには役に立たないことを確信した私は、この仮説について具体的に取り組むことを決めたのです。

　最初に作ったのは、ヘアサロンなどの美容領域の店舗の集客をするメディア「ホットペッパービューティー」用の、営業研修トレーニングのパッケージです。

　新卒社員や中途契約社員はそれまで、入社後に2週間の座学研修を受けた後で全国48か所のいずれかの各拠点へと配属されていました。

　配属後も各拠点長の下で人材育成は行われていたものの、拠点長ごとの力量やエリアマーケットの難易度がかなり異なっていたために、成長度合いには相当なバラつきが見られました。

　そこで私は、成長度合いのバラつきをなくすためにも、売れていない人と売れている人がそれぞれやっていることについて徹底的にインタビューをしたり同行をしたりすることで、その差分を見出しました。

　そして、それまでにはなかった「一人前とはどういう状態か」という定義を事業内ですり合わせた上で、半年間で一人前になれるようにトレーニング教材をパッケージ化しました。

　その結果、拠点長の力量差による成長度合いのバラつきは、この「一

人前パック」と名づけたパッケージにより解決に至ったのです。

　半年間のプログラムの中には「リーダーから教わってください」「拠点長から教わってください」という項目も組み込んでいたため、自然と上司や先輩とのコミュニケーションが増えて離職率の低下にもつながりました。

　すると今度は、飲食店用のメディア「ホットペッパーグルメ」の営業用にもパッケージを作ることになりました。

　こちらは「3か月で一人前に」というリクエストをされたので、そのように作成しました。

　やがて社内でも評判となり、今度はお隣の旅行事業「じゃらん」の営業用にもパッケージ化することになりました。

　こちらは旅館やホテルが顧客となり、旅行は四季によってニーズが変わりますから、「1年で一人前に」なるように作りました。

　その後、私は21年半勤めたリクルートを退職します。「営業はしません」と言って制作クリエイティブ職として専門職入社した私が、退職する頃には「営業を育てる」立場となっていたとはおもしろいものです。

　徹底的に人の成功を汎用化して、属人的なノウハウを共通言語にして、他の人でも使えるようにナレッジ化してきたため、その頃には「ナレッジキング」というあだ名がついていました（笑）。

　ありがたいことに一人前パックは、私の退社後も活用されていたと聞きました。「加藤でなければ使えない」といった、属人的なパッケージツールではなかったということでしょう。

　さらに私は転職先の外資系のディーラーでも、同じように売れていない人と売れている人の行動や言動の徹底的な分析から、売れる理由と売れない理由を明確にしました。

ここで私は、当時まだ日本的な会社であったリクルートでも、外資系で、かつ商材も全く違う営業においても、属人的なノウハウを言語化、フレーム化して、さらにはトレーニングすることで実益を確実に得るための営業育成パッケージを作れることがわかりました。

　そして、「型」を言語化して共通認識を作ることの重要性を実感し、自分の仮説は合っていたのだという確信を持つに至りました。

　そして独立した現在、私は、さまざまな会社に向けて営業だけにとどまらない人材育成プログラムのコンサルティングと実装、ときに連動して採用や人事評価制度に携わっています。

 ポイント

- 売れていない人と売れている人の差分を徹底的に見出し、その成果をまとめたパッケージにより、営業力の底上げと離職率の低下につなげた。
- 「型」を言語化して共通認識を作ることで再現の可能性が高まり、一人前に育てることができる。

7 自社にフィットするものをつくる

　私は営業職ではありません。ましてやトップ営業でもありません。ですが、営業職を育てるプロになりました。あるクライアント先の社長は、そんな私を選んでくれた理由を次のように話してくれます。

　「加藤さんはスーパーエリート営業マンというタイプではありません。でもそれが一番の決め手になりました。どこかの業界で売れていたノウハウを教えるようなコンサルタントとは違う。実際に当社の実情を細かくヒアリングしていただき、フィットするものを提案してくれました」

　次章からは私が見出した、どんな会社でもできる、自社オリジナル教科書の作り方と使い方について紹介していきます。
　どこかの業界だけに通用する営業ノウハウを伝えるのでもなければ、どの業界にも通用するように一般化しすぎて活用しづらい営業ノウハウを伝えようとするものでもありません。
　みなさんの会社に役立つ最高のノウハウは、みなさんの会社の中にこそ潜んでいるのですから。

ポイント

● 営業のノウハウとはスーパーエリートでしかできないようなことではなく、腹落ちすれば誰でもできるものである。

「研修って効果あるの？」という質問の不思議

　多くの人事部の方から「『研修って効果があるのか？』という質問に答えられない」という悩みを抱えているという話を聞きます。言い換えれば「研修の効果の測り方がわからない」という悩みです。

　ただ本来、研修には「目的とゴール」があるはず。ですからそれが達成できているかどうかを測ればいい。本編に、営業研修での効果を感じられていない経営者の例を挙げましたが、そもそも効果とは「どんな状態の人がどんな状態になればいいのか」を定義していないと測れません。

　そこで具体的な定義の仕方を3つ紹介します。①レベル分け型、②案件追いかけ型、③業績成果型です。

　①レベル分け型とは、身につけてもらいたい知識やスキルについて、ざっくりとレベル感を分けます。「0：未経験」「1：見て教わり中」「2：一部を経験中」「3：フォローが必要だが主体的にできている」「4：イレギュラー以外は基本的に一人でできる」「5：一人でできてお手本レベル」「6：人に教えられる」などと分け、自己評価でも上司評価でも現状のレベルを測定し、あわせて目標を決めます。たとえば「今は『3』なので『5』を目標にしましょう」とする。これがレベル分け型による効果の測り方です。取り組む以前の状態と取り組んだ結果をビフォー・アフターで評価します。

　次に②案件追いかけ型では、学んだことを、具体的な顧客・案件で「ここで実践します」と定めます。そのうえで、実践したことで獲得したいことができたか・できていないかを確認し、できていれば合格です。「お客様の反応が変わりました」「お客様から〇〇というキーワードを引き出せました」「受注できました」などが効果と

なります。

　最後に③業績成果型。そのまま業績に対する成果で見ますが、いくつかの方法があります。たとえば単純に研修受講者の売上が受講前と受講後とで比較して「1.1倍になれば効果あり」などです。または、受講した人と受講していない人の業績を比較したり、昨年対比で測るという方法もあります。ここで注意したいのは「研修なしでも伸びたはず」などと言い出すとキリがないということ。それも織り込んだうえで「これで測る」と決めておくことが重要です。

　なお、研修の効果として「満足度」を聞くアンケートをよく見かけます。たしかに研修を受講した人の満足度も大事かもしれません。しかし、あえて強い言葉を使えば、受講者の満足のために研修を受けてもらうわけではありません。研修のビフォー・アフターで、どのような効果を出せたのか。どの部分を見て測るのかを決めたうえで研修を行うようにしましょう。

第 1 章

自社オリジナル教科書の
ススメ

自社独自のノウハウを言語化し、
皆の共通認識にする。
そのための要となるのが、
自社オリジナル教科書である。
これほど最強で人材育成のスピードも
加速化するものは他にない。

1 人材育成教材を内製化する

　人材育成のための教材は、会社ごとに作るべきだと思い、私は多くの会社や事業に合わせて自社オリジナル教科書を作ってきました。

　自社オリジナル教科書はいわゆる"マニュアル"とは違います。マニュアルのように「このようにやればうまくいきます」というものでもなければ、単に業務や作業の手順を並べたものでもありません。

　自社オリジナル教科書には営業のやり方や大事なポイントも載せますが、その定着のさせ方も盛り込みます。これはなかば研修を内製化するようなもの。みなさんの中には「やはり外部の営業研修を取り入れたほうが、専門的な視点でアドバイスを受けられて効果が出やすいのでは」と思う方もいると思います。

　また、多くの方は人材育成の必要性は感じていても、育成自体が得意だと自信を持ててはいないでしょう。教材を内製化するとなると、その効果を疑う方もいるはずです。

　ではここで、この自社オリジナル教科書がどのようなものかを知っていただきましょう。自社オリジナル教科書とは、次のような目次構成をとる人材育成教材です。

　内容は**基礎編・実践編・トレーニング編**と、大きく3つに分けられます。「営業の役割」や「PDCAの回し方」など、基本的な話が多いように感じた方もいるかもしれません。

　ですが、これらをきちんと言語化してまとめることで、**効果的で再現性の高い人材育成ができる**のです。

図表1-1	自社オリジナル教科書の目次構成（営業編）

表紙	
目次	
【基礎編】	①営業の役割 ②マインド・スタンス ③知識（自社、業界、商材、顧客、同業他社）
【実践編】	④計画・準備 ⑤商談 ⑥振返り・顧客フォロー
【トレーニング編】	⑦練習の大切さ ⑧PDCA の回し方

　次節以降で、自社オリジナル教科書がどのような効果を現すものなのか、事例なども踏まえながら紹介していきます。私自身も自社オリジナル教科書を作成するうえで思いもよらなかった効果があることを感じています。営業職の成績を上げるだけにとどまらない代表的な三つのメリットについて紹介していきましょう。

ポイント

● 自社オリジナル教科書はマニュアルではない。身につけ方、定着のさせ方までも盛り込んだものである。

● 基本的な目次は「基礎編」「実践編」「トレーニング編」の三つに分けられる。

2 メリット① 強い営業チームができる

　自社オリジナル教科書の何よりのメリットが、強い営業チームができるということです。これは売上向上に向けた営業人材を育成するための施策ですから、売れていない営業職が売れるようになっていきます。なぜなら、トップ営業の属人化された営業ノウハウが他の人にも共有されていくからです。

　若手営業のエースが感覚的にやっていたコミュニケーション術や、商品とクライアントについて知り尽くしているベテラン営業だからこそできていた提案術など、みなさんの会社にも、きっと全員には共有されていないけれど個々でやっている優れたノウハウがあるはずです。それらが明文化されていきます。

　そのため、それまではトップ営業だけに頼っていた状態の会社でも、他の営業職が売れるようになっていきます。いずれチームの8割がトップ営業クラスになるため、営業チーム全体の売上が飛躍的にあがっていきます。

　当然の帰結として、個人の売上アップがチームの売上アップへとつながり、そして会社の業績アップへとつながっていきます。

　ある会社では、自社オリジナル教科書を作り、3か月の徹底トレーニングの結果6人の営業職の新規売上が平均300％アップしたという例もあります。

ポイント

●トップ営業の属人化された営業ノウハウが他の人にも共有されるため、トップ営業だけに頼っていた状態を脱して、他の営業職も売れるようになる。

3 メリット② 継続的に新人が育つ

●ノウハウが形に残る

二つ目のメリットは、自社オリジナル教科書を作ることで、その一時期のみならず、以降も継続的に新入社員が育っていくということです。

なぜなら自社オリジナル教科書は、それまでは共有されていなかった属人的なノウハウも形にしていくからです。

これらが形になることで、自分たちの会社が基準とするものがチームの共通認識となります。すると以後は、これをベースに話し合うことができます。

ベースが出来上がっていれば、新たに入社する方にとっても、自社のことや営業において、大切なこと、そして具体的なポイント、やり方を早く、そして確実に身につけることが可能となります。

●「無意識」からナレッジを引き出す

ホットペッパー事業で営業人材の育成に携わっていた際にも、自社オリジナル教科書はやはり新人の成長に役立ちました。

ホットペッパーの営業で売れる、売れないの差になる重要なポイントの一つが、クライアントである飲食店やヘアサロンの店長やオーナーへの「深堀りヒアリング」でした。

売れている営業職はツボを押さえたヒアリングをしていたのですが、売れていない営業職は単に商品の案内しかしていなかったのです。そこで売れている営業職が無意識に行っていたヒアリング内容を、「メニュー・スタッフ・雰囲気・立地という4項目」だとシンプルに整理して、新人にもそのヒアリング方法も含めて動作としてトレーニングしま

した。

　これが「深掘りヒアリング、四つの窓」という合言葉となり、新人が売れるためのノウハウとしていち早く身につけて、売上につなげていけるようになりました。

> **ポイント**
>
> ●それまで共有されていなかった属人的なノウハウが形になって共有されていく。
> ●ベースが共有されれば、新たに入ってくる人も営業のやり方を早く、確実に身につけることができるようになる。

4 メリット③ 会社が成長する

●会社の成長へと結びつく理由

最後に挙げるメリットは、会社の成長です。

自社オリジナル教科書によって活躍するのは営業職のメンバーだけに留まりません。管理職（マネージャー）も活躍していきます。

多くの会社で、管理職の方はもともとトッププレイヤーだったことが多いと思います。トップ営業として活躍してきた方がだんだんと部下を持つようになり、マネージャーとしてチームを率いるようになります。

マネージャーとは、チーム全体の目標の達成のために、部下の行動管理や育成というマネジメント業務を行う役割です。

ところが、部下を育てるよりは自分で売ったほうが早かったり、楽しかったりするために、チームの成績をご自身が引っ張っていくという例は多々見受けられます。「プレイングマネージャー」と言えば聞こえはいいのですが、実体はプレイヤーのまま変わっていません。

優秀なプレイヤーがマネージャーになりきれない原因はさまざまですが、「部下を育てられない」ということは大きいと思います。何より部下の育て方を教わっていませんから、つまずくのも理解できます。

しかし、決してその状態がいいとは思っていないはずです。むしろ人知れず、気に病んでしまっている場合もあるかもしれません。

そこで、自社オリジナル教科書を活用し、**営業職を効率的に育てられるようになる**ことで、**管理職が本来すべき仕事にとりかかる環境を作る**ことができるのです。

　また、管理職にとっては部下が離職しないよう努めるということも役割かもしれません。

　ある会社で、若手営業の育成に携わったときのことです。そこでは三人の若手営業が電話で見込み客の掘り起こしを行っていました。個別インタビューをすると、そのうちの一人が仕事に自信を持てないでいました。

　一生懸命に電話をしても、ほとんどアポイントがとれず、今にも離職寸前です。しかし、この若手営業は誰よりも成長しました。

　自社オリジナル教科書には仕事の意義や、話し方、キーフレーズなどを細かにまとめます。この若手営業はこれらを素直にやり続けてくれたため、自信を持って話せるようになり、アポイントの獲得数の向上にもつながりました。結果的に、離職することなく、その後やりがいを持って働くようになりました。

　人口減少が進む中、採用コストは今後ますます上がっていく可能性があります。離職後にすぐに新たな人が採用できるとも限りませんし、育成には時間もかかります。「離職させないこと」は会社にとって最重要課題だと言えるかもしれません。

　これらによって会社は継続的な売上の向上が見込めます。営業職一人ひとりが成長するということは、言うなれば、売上が上がり続けるということ。事業推進が活性化し、会社が成長していきます。

●社員のエンゲージメントが高まる

　社員が活躍することは、社員のエンゲージメントの向上にもつながります。

　社員に仕事への理解度を高めてもらったり、会社への帰属意識や愛着心を感じてもらうエンゲージメントの向上は、昨今の経営や人事での重

要なテーマです。

　エンゲージメントを高めるための施策はさまざまですが、「社員が成長できる環境をつくること」はその重要な柱となります。営業で結果を出せるようになれば達成感を得られますし、成長の実感は何よりのやりがいです。
　会社としても売上が上がれば、職場環境をよくするための投資もできます。
　自社オリジナル教科書には会社の歴史なども盛り込みます。これは社員にとっては、自分の会社を改めて知るということにほかなりません。
　その結果、会社への帰属意識も高まることでしょう。
　より会社のことを知ることができるからこそ、エンゲージメントも高まると言えます。

●経営者が経営に注力できる

　現場の営業も管理職も活躍してくれることで、皆を束ねている経営者も本来なすべき経営に注力できるはずです。

　自社オリジナル教科書が浸透してくると、なすべき目標が共有されます。
　自社オリジナル教科書には「なすべきこと」がきちんと測ることができる指標に言語化されていますから、これに対して「上がった」「下がった」「今後はこのくらいを目指してみよう」という会話ができるようになります。さらに会社の成り立ちや業界構造といった会社が置かれている環境も共有することになるので、前提がそろっている状態。スムーズなコミュニケーションにもつながります。すると、それまでできていなかったことに手をつけることができます。

　会社によっては「議論をする土壌ができました」「会社の風土が変わりました」と言われることもあります。とても前向きな話で、私もとても嬉しくなります。

　個人の成長は、会社の成長に欠かせません。**人材育成は会社の可能性を広げてくれる取り組み**だと言えるでしょう。

 ポイント

- ともすると「部下を育てるより自分で売った方が早い」と思いがちなトップ営業の管理職であっても、自社オリジナル教科書を使えば効率的に営業職を育てることができる。
- 仕事にやりがいを見いだせず、離職しそうになっている部下をモチベートし、やりがいを持って働けるようにできる。
- 社員が活躍し、会社が成長していくことは、社員のエンゲージメント向上にもつながる。
- 経営者としても、現場の仕事を安心して任せられるようになり、本来の仕事に注力することが可能になる。
- 会社の風土も前向きになり、組織が大きく変わることもある。

5 メリットを最大限に発揮するために

　私がこの自社オリジナル教科書のことを話すと、ときにお客様からはこんなことを聞かれます。

　「加藤さん、それは必ず成功するんですか？」

　メリットはわかったけれど、それでも不安に思っているというケースです。やったこともないのですから当然の話で、読者のみなさんも同じかもしれません。

　もちろん私としては「必ず成功しますよ、大丈夫です！」と言いたいところです。けれども、自社オリジナル教科書を作ってもプロジェクトとしては失敗をすることがあり、そことは共通したパターンがあります。

　失敗を防ぎ、自社オリジナル教科書のメリットを最大限に発揮するためには、次に挙げる三つのポイントが欠かせません。

●客観的な目を入れる

　一つ目は「客観的な目を入れる」ということです。

　営業責任者やトップ営業の主観が強く、その主観に沿ったやり方に固執しすぎていると、自社オリジナル教科書の内容は偏ったものになってしまいます。さらに言えば、ときに間違った内容を教えるものにすらなります。

　その営業責任者やトップ営業が大事だと思っていることがあったとしても、実はそれ以外の部分が大切であることもあります。そこで、売れている人と売れてない人や、若手の状況について、いったん客観的な真新しい目で営業のやり方を見比べたり、見直してみることが非常に重要です。

　ただ、そうは言っても、一人の同じ人間が別の目を持つのは難しいことです。そこで、客観的な目を入れるためのコツについても後に紹介します。

●当事者意識を持つ

　二つ目は「責任者が当事者意識を持つ」ということです。

　営業職をまとめる立場にある営業責任者が営業職の成長を他人事のように見ていれば、育成に対して身が入らず、当然ながらメンバーの成長につながりません。

　社長が導入した新しい物事に対して現場の責任者が乗り気でないということは、人材育成に限らず聞かない話ではありません。

　自社オリジナル教科書の導入に成功するタイプの営業部長は、社長から言われるとこう考えます。

　「確かに、属人的な営業では効率も生産性もわるい。これでは若手も辞めてしまう。共通言語や教育の仕組みを作ることは、今いる社員のためにもなるし新しく入る人のためにもなる。営業組織としても会社としても、よいことであるし、必要なことだ」

　営業職の成長が会社の成長であると理解し、その結果、社員が幸せな人生を送る可能性を高められると考えている例です。経営者的な視座で物事を考えている方は、このタイプになるでしょう。

　一方で、うまくいかないタイプの営業部長は真逆です。

　口では「そうですね。そういうものは大切ですよね」と言いますが、内心「私には、よくわからないけど」と疑いの心があります。個別インタビューでも、言葉の端々から「営業はやっぱりそれぞれのやり方があ

るから、各自でやればいいんだよ」という本音が漏れます。

　「型にはめられることで自由が奪われる」という気持ちがあるのでしょう。それが営業組織の成長にブレーキをかけていることを、あまり自覚していません。

　このタイプの場合、自社オリジナル教科書を作り始めてからもどこか他人事です。「こういうやり方でいいんですかね？」と頻繁に聞くような場合、黄信号でしょう。

　いくら説明をしても、**作る目的が腹落ちしなければ、推進力も上がりません。**

●決めたことをやり切る

　最後に「決めたことはやり切る」ということです。

　これは自社オリジナル教科書に限ったことではありませんが、すべきことを途中で止めてしまってはまず、検証ができません。何よりも効果も出ません。

　特に自社オリジナル教科書は、作っておいて「困ったときに開けばいい」というツールではありません。むしろ作ってからが本番です。

　作って、営業のトレーニングをして、そこからPDCAを回していきます。営業職も営業部長も社長も、みなさんが積極的に関わっていく必要があります。

　「週に3日は15分間、営業トークの練習に充てましょう」
　「毎週、きちんと振り返りをして、シートに達成度を入力しましょう」
などとすべきことを決めます。**営業トレーニングは未来のための大切な時間です**が、目の前の日々の売上や、今いるお客様のことだけに意識をすべてとられて、いっぱいになってしまうと、せっかく社内で決めたことが実行されなかったり、おざなりになったりします。すると、効果は

半減してしまいます。

　まずは期限を決めて、PDCAをきちんと1度、回し切ってみる。すべてやり切ってみて、よかったかわるかったかを検証しましょう。

　客観的な目を入れながら、当事者意識を持って、決めたことをやり切る。これが自社オリジナル教科書のメリットを最大限に発揮するためのポイントです。

　これらのポイントを頭に入れていただきながら、自社オリジナル教科書を作っていきましょう。

ポイント

● 自社オリジナル教科書作りで失敗しないコツは三つある。

● 一つ目は営業責任者やトップ営業の主観ではない「客観的な目を入れる」こと。

● 二つ目は営業責任者がノウハウの型化と営業職の成長に対して「当事者意識を持つ」こと。

● 三つ目は自社オリジナル教科書の内容を定着させるため、「決めたことはやり切る」こと。

人材育成の予算立てに縦割りの発想を持つ

　会社や人事部が人材育成の予算を立てるときに、多くの場合「横串積み上げ」という発想になっていると思います。つまり、新人向け、リーダー向け、課長向け、部長向け……というように、階層別に組織を横串で研修を用意していくというものです。

　一方で「縦割り」、つまり部署ごとや職種ごとの研修の発想は出づらいものです。私は縦割りの育成予算や育成計画があっていいと思いますし、特に「営業職の育成予算は別に作ったほうがいい」というのが持論です。

　たとえば経理や人事といったバックオフィス系の職種だと、会社は違ってもおおむね業務の内容には一定の型があります。有効なノウハウも世の流れに伴って浸透しているものです。経理や財務、人事や労務など、細かな区分はあれど、押さえておくべきベーシックな知識は会社によって大きく変わるわけではありません。たとえば、広報の仕事でもニュースリリースの書き方には一定の様式があったりしますし、これらは専門会社に外注もできます。また、製造や制作の仕事も専門技術は意外と伝承されているものです。

　ところが営業職はちょっと違います。一人で顧客と接する場面が多く、ノウハウが属人化しやすいのです。またブラックボックス化しやすく、個々人が何をどうやっているのかが見えづらい傾向があります。そして、本編に書いたように、世に出ている営業ノウハウ本などは自社にとってどれが本当に必要なのかも判明しづらいのです。

　営業は会社の売上を作る仕事。営業職の育成にはぜひ個別の予算とエネルギーをかけることをおすすめします。

教科書の作り方①
前提と準備

育成プロジェクトを成功させるには、
4つの前提と、整えるべき準備がある。
全てを「ケースバイケース」で終わらせることなく、
ノウハウがたまる体制作りをする。

1 四つの前提

●育成には期間が必要

　自社オリジナル教科書を作っていく前に、四つの前提を押さえていただきたいと思います。

　まず、「育成には相応の期間が必要だ」ということです。

　人は1日では変わりません。

　営業職が1回の研修で変わったというケースは少ないと思います。

　「昨日の研修はどうだった？」

　「とてもいい研修でした。勉強になってタメになることばかりでした」

　部下から、こんな感想が出てくれば「よし、これできっと一皮むけてくれるな」と思うでしょう。けれど1週間もすれば、元の木阿弥ということはよくあります。

　知っただけでは身についたことにはなりません。勉強した内容が実績へと結びつき定着していくまでには時間、つまり期間が必要です。

●マネジメントすべきは行動変容

　次に「会社や上司がマネジメントしなければならないのは、行動だ」ということです。

　次ページの図は営業力がいかに引き出されるかを表したものです。土台となる意欲や考え方があり、そこから上に知識などが積み重なっていくようにして、最終的に一番上の業績として現れます。

　多くの会社では、営業職に知識やスキルを身につけさせれば売上があ

図表2-1　営業力の構造

業績

行動

知識　　　スキル

考え方、スタンス

意欲、モチベーション

がると考えがちです。けれども、知識やスキルがあっても行動がなければ業績にはつながりません。

　マネジメントしなければならないのは、「知識やスキルがどれだけ増えたか」ということよりも、「どのように行動を変えたか」という行動変容です。

●人には四つのタイプがある

　京セラの稲盛和夫さんは「物には可燃性、不燃性、自燃性のものがあるように、人間のタイプにも火を近づけると燃え上がる可燃性の人、火を近づけても燃えない不燃性の人、自分でカッカと燃え上がる自燃性の人がいます」と言ったそうです。

　私はこれにもう一つ加えて、「自分からは燃えづらい難燃性のタイプがある」とよく話しています。

　あえて言えば、自燃性のタイプは、人材育成を行わなくても一人で成長してくれます。ただ、自燃性のタイプはそう多くはないですし、独立意欲が旺盛なこともあるので、会社に留まろうとはしない傾向もありま

図表2-2	成長の４タイプ

自燃性	放っておいても自主的に成長
可燃性	火をつけると成長する
難燃性	何度か焚きつけないと、すぐに意欲が下がってしまう
不燃性	何をやっても火をつけること自体が難しい

す。しかし、だからといって「一人で成長していくのだから何もしないで大丈夫だろう」では、会社にいる意義を見出せず、退職するリスクは高まります。意義を見出してもらうためにも人材育成は必要でしょう。

　一方、多くを占めるのは可燃性や難燃性のタイプ。この層こそ、人材育成によって大きく成長してもらう必要があります。

　そして、ごく少数ですが不燃性のタイプもいます。

　しかし、こちらから「あの人は不燃性だ」という決めつけはNG。実は胸に熱い思いを秘めているかもしれません。不燃性に見えて可燃性ということもあります。

　そこで会社は人材育成を行い、**成長のきっかけや場を意図的に作って**いきます。放っておいても成長する人もいるかもしれませんが、人材育成は成長スピードを上げることにつながりますし、個人の成長スピードが上がるということは会社の成長スピードも上がるということです。

●**基準を間違えない**

　最後に四つ目の前提ですが、自燃性・可燃性・難燃性・不燃性という四つのタイプを踏まえたうえで、人材育成の前提としたいのは、「**育成の基準は可燃性と難燃性だ**」ということです。

社長や役員、上司のみなさんは、きっと自ら成長をしてきた自燃性だと思います。

　そのため、部下に対してもご自身と同じような基準で教えたり、売上を期待してしまったりすることが少なくありません。

　ですが、全員が自燃性の会社というのは非現実的です。上司が「部下は自燃性である」ことを前提してしまうと、自ら学ばないように見えてイラだちを覚えるでしょう。また、部下も上司のイラだちを受けてストレスを感じてしまいます。ですので、基準は可燃性、難燃性に置きます。

　以上、これら四つの前提がない状態で、自社オリジナル教科書を作ってしまうと、どこかに支障をきたしてしまいます。途中でつまずくことのないように、まずはしっかり頭に入れておいてください。

 ポイント

- 人を育てるには時間がかかる。研修を受けても、知っただけでは身についたことにはならない。
- 会社がマネジメントしなければならないのは、知識やスキルにプラスした、行動変容である。
- 人には「自然性」「可燃性」「難燃性」「不燃性」の四つのタイプがある。多くを占めるのは可燃性や難燃性のタイプなので、この層を基準として、人材育成によって育てる必要がある。

準備① プロジェクトの結成

●プロジェクトのメンバーをそろえる

どんなプロジェクトも一人で進めるということはないでしょう。

メンバーが社内か社外かということはあっても、複数人がプロジェクトに参加すると思います。

自社オリジナル教科書を作って、営業職を成長させていくプロジェクトも、一人ではできません。社長や役員、営業部長、の誰か一人が旗を振ったところで、なかなかうまくいかないでしょう。

そこで準備として、**プロジェクトのメンバーを結成する**ことから話を始めたいと思います。

●メンバーの人選

まず、営業組織に関するプロジェクトのため、営業部長のような**営業組織をまとめている立場の方**が必要です。

もし、部長の下で営業職をまとめるリーダーのような方がいれば、やはりプロジェクトに入ってもらいます。現在の営業の状況を知り、今後も主体的に進めていく立場として、プロジェクトに参画します。

その上で、**営業を客観的に見られる立場の方**にも入ってもらうことがポイントです。

マーケティング部長でもいいですし、総務人事の部長でもいいでしょう。営業職以外の目を入れて、プロジェクトを特定の人による偏った見方にならないようにすることが大切です。

また、営業でもあまり会社の文化に染まり切っていない若手の方に入ってもらうことで客観的な目を入れることにつながるでしょう。営業

部長や営業リーダーの声が大きくなりすぎると、いきなりレベルの高い
ものを作ってしまう可能性があります。

　まずは、難しすぎず、再現可能なものを作るためにも、**営業畑でない
方や若手の方の目が必要です。**

　「私なんか、おこがましいです」と、ちょっと腰が引ける方もいるか
もしれませんが、「会社の未来のためにやるプロジェクト」であり、年
次などにとらわれない目が必要だと説明しましょう。

　こうして数人のコアメンバーをそろえたら、プロジェクトのスタート
です。

図表 2-3　プロジェクトメンバーの構成例

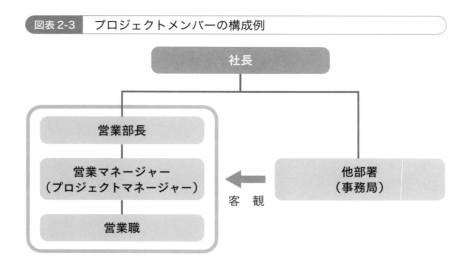

●会社に対してアピールしよう

　あらかじめ会社全体に対して「営業が変わろうとしている」ことを宣
言しましょう。仕事は営業だけでは成り立ちません。前後の工程の部署
にも、当然、関係があります。全社的な話として、社長から宣言したほ
うがよいと思います。

> 💡 **ポイント**
>
> ● まずはプロジェクトメンバーをそろえる。
>
> ● 営業部長のような組織をまとめている立場の人と、営業を客観的に見られる立場の人の参加が必要。
>
> ● 全社に対してプロジェクトをアピールして、周囲の協力を得るようにしたい。

3 準備② 関連情報を確認する

　プロジェクトのメンバーをそろえたら、人材育成に関連する情報を確認します。

　具体的な関連情報については図表2-4にまとめました。

　人材育成は会社の方針と足並みをそろえる必要があるため、企業理念や経営計画など、❶・❷の資料が必要です。

　❺の「等級定義、職務要件定義」は、会社において誰が何をする人なのかを示すものです。特に管理職の職務に「部下の育成」という文言が入っているかを確認しましょう。もし入っていなければ、この機会に文

図表2-4　自社オリジナル教科書に関連する情報

1	企業理念、ビジョン、ミッション、バリュー	それぞれの浸透策があればそれも含める
2	経営計画・事業計画	3か年事業計画、採用計画など
3	営業職リスト	名前、社歴、性別、年齢、新卒・中途（前職）など
4	組織図	
5	等級定義、職務要件定義	
6	人事評価制度	
7	営業成績の差がわかるもの	年間・月間の件数・売上など
8	営業プロセスの整理	
9	営業数字の管理方法	KPIフォーマット、会議体など
10	既存のマニュアルや過去の研修など	用語ぞろえも含める

言として入れることを検討してみてください。

　同じように❻の「人事評価制度」では、会社が営業職に何を期待していて、何によって評価されるかを確認します。

　たとえば営業部長に対して「営業組織全体の売上を見ること」を期待しながら、評価としては「個人の売上だけしか見ていない」のであれば、その営業部長も、営業組織の売上よりも自分自身の売上を優先してしまうかもしれません。

　なお❿は、「既存のマニュアルや過去の研修など」と書きましたが、これについては社内での用語をどのようにそろえていったかという過去の経緯も確認できるとよいと思います。

　過去の研修の内容と、あまりにもかけ離れていたり、真逆のことを言ってしまっては現場は混乱してしまいます。修正すべき点は修正しますが、過去と紐づけていったほうが現場への浸透度は深まります。

　これらの関連情報がすでにあればよいのですが、すべてがそろっていなくても構いません。私の経験上も、これらがすべてそろっていない会社もあります。ないものについては、この機会にそれぞれ定めていくことを検討していきましょう。

> **ポイント**
>
> ● プロジェクトのメンバーをそろえたら、人材育成に関連する情報を集める。
> ● 関連情報がない場合は、この機会にそれぞれ定めていけばよい。

4 準備③ 営業プロセスを整理する

●自社の営業の流れを図式化する

みなさんの会社の営業職は、日々どんな活動をしているでしょうか。

前提として営業は法人・個人×新規・既存の四つで整理できるでしょう。

まずは会社などの法人に営業する「法人営業」、そして一人ひとりの消費者に対して営業をする「個人営業」があります。

厳密には、個人事業主であったり、法人とはいえ大きな組織をもってるわけではなく1店舗を構えているような業態への営業もありますが、ここではざっくりと、対法人への営業、対個人への営業と整理します。

その上でそれぞれ、新しい顧客を開拓する「新規」がメインか、すでに取引のある顧客に営業をする「既存」がメインかに分けます。新規には紹介営業、飛び込み営業、反響営業などがあり、既存にはルートセー

図表2-5 四つの営業種別

ルスやサブスクリプションの契約継続営業などが含まれます。

　みなさんの会社はどの営業種別が当てはまるでしょうか。おそらく「新規も既存もあるよ」という会社も多いと思います。既存顧客だけでは先細りしますから、新規開拓もしているケースもあるでしょう。

　また、法人営業と個人営業は、社内に両方あったとしても主となるほうが決まっていたり、部や課が分かれていたりすることもあると思います。

　「営業活動」と一口に言っても、会社によってその範囲はさまざまです。

　アポ取りは別のチームが行う場合もありますし、営業職が何かの技術職も兼ねていて機器の取り付けなど、契約後の作業まで行う場合もありえます。しかし、営業職が担う領域が広いか狭いかは問題ではありません。

　それもまた会社の特徴。重要なのは、みなさんの会社の**営業職がどの範囲を担っているのか**、そして**どんな手順で進めているのか**を、**最初に整理しておく**ことです。

　なぜなら、営業活動を整理しておかないと、バラバラの話をすることになるからです。たとえば、「コミュニケーションが足りないんだよ」と言っても、営業計画での社内確認なのか、商談での相手へのヒアリングなのか、「コミュニケーション」が何を指すのかわからなくなります。

　営業のシチュエーションはさまざまで、話し合いの前提をそろえておくために大事です。

　そこでプロジェクトでは最初の段階で、**営業プロセスを図式化**します。矢羽根の形で、手順を並べましょう。

　ここでは、基本的な例で説明していきます。みなさんの会社もこれを元にアレンジすることで図式化してみてください。

図表2-6 営業プロセスの例

計画・準備	商談	振返り 顧客フォロー

| 営業 計画 | 行動 計画 | 商談 計画 | 商談 準備 | アイス ブレイク | ヒア リング | 課題 設定 | プレ ゼン | クロー ジング | 商談 振返り | 定期 訪問 |

●計画・準備のつながりを確認する

　営業は、大きく三つのステップに分かれます。「計画・準備」「商談」「振り返り・顧客フォロー」です。

　まず、「計画・準備」から説明しましょう。

　計画・準備はさらに細かく、「営業計画」「行動計画」「商談計画」「商談準備」に分かれます。

　あえて言えば、この図式の左には大前提として、会社レベルの経営計画があって、事業レベルの事業計画があると思います。これらの目標を、営業組織がなすべき達成目標と営業職個人の目標にまで落とし込んだものが営業計画です。

　予算や目標など、会社ごとに言い回しは異なると思いますが、そのままの使い慣れた言葉づかい、定義で構いません。わざわざ「新しいプロジェクトだから、言葉づかいから改めよう」なんて思わないことです。

　次に、「行動計画」は、1か月単位などで、営業の基本的な動きを表したものです。たとえば「月初にアポ取りをして……」といった行動などがこれに当たります。営業組織として共通のものと、個人ごとのもの、それぞれあってもよいでしょう。

　そして、「商談計画」は、個別の商談について「A社にはこの期間でこんなステップでこういうストーリーで提案をして、クロージングしていこう」というもの。社内的な営業目標達成に向けたストーリーもあれ

ば、顧客のニーズに応えるためのストーリーもあるでしょう。

そして、「商談準備」とは、顧客ごとの準備そのものです。

ただ私の実感としては、これらの**計画・準備は中小企業の営業においてはほとんどが作れていません。**確かに営業部としての目標数字はあるものの、個人レベルの目標数字に紐づいていないということも見受けられます。

また、目標があったとしてもちぐはぐなこともあります。たとえば「1日100件の架電」という行動計画の目標があっても、数字の根拠を聞くとあまりはっきりしたものがないことがあります。

さらにその行動に対する達成率が「20％くらいですかね」などと聞くと、果たして本気でその目標の達成を目指しているのか疑問に思ってしまいます。

もしも、きちんとした計画・準備が作れていなければ、このプロジェクトをきっかけに見直してみるといいでしょう。

●商談の流れを押さえる

こうして計画・準備のステップを進み、次に「商談」のステップに入ります。

例えば初めて訪問する相手であれば、「商談準備」として相手のホームページやSNSをチェックしておきます。これもやっている人とやっていない人がいますので、営業組織でそろえたい標準はどうであるべきかを考えましょう。

私がホットペッパー事業にいた頃、売れている営業職は

「今日訪問するヘアサロンはあそこだな。前月の予約状況のレポートをまとめておこう。店長さんとは前回、こんな話をしたな。ならば、こんな事例を出せるようにしておこう」

と準備して、時間になると颯爽と出ていきます。

　一方の売れていない営業職は直前まで、訪問先とはまったく関係のないメールのチェックなどをしています。そして「あっ！　時間だ。早く出なければ」と慌てて飛び出します。準備も不十分で、商談の場で相手から「前回のレポートを見せてください」と言われると「えっ」と戸惑うことに。そして忘れてしまった不手際をどうにか挽回しようと考えます。

　「……そうだ！　こういうときは他のお店の成功事例が喜ばれるぞ」

　こうして脈絡もなく事例を話し始めます。場の雰囲気はますます、ちぐはぐなものになっていきます。

　これは極端な例ですが、**売れている人と売れていない人の準備の差は、商談には特に大きく現れます**。ですので、プロセスの一つとしてしっかり認識します。

　次に、いよいよ「商談」です。商談は、「アイスブレイク」「ヒアリング」「課題設定」「プレゼンテーション」「クロージング」という一連の流れを踏むことが多いです。

　挨拶などの場をほぐすためのアイスブレイク（「ラポール形成」とも言われます）から始まって、相手の状況やニーズをヒアリングします。そしてヒアリングした内容から、ありたい姿と現状のギャップを導き出し、そのギャップから課題を設定。その課題に対して、こちらができることをプレゼンテーションで提案して、受注・契約へとクロージングを進めます。

　会社や商材によっては、商談が初回訪問で課題設定まで、2回目の訪問でプレゼンテーションをし、そこで見積書を提示してクロージングというように商談そのものが2回や3回に分かれるかもしれません。

●振り返り・顧客フォローのやり方を見る

商談のステップが終われば、「振り返り・顧客フォロー」のステップです。

その月の売上目標や行動目標は達成されたのか、達成できたなら、なぜできたのか。できていないとすれば、今後どのように改善していくのか。計画の達成状況と理由などを振り返ります。

振り返りはPDCAを回すために非常に重要ですが、単に報告会議になっているケースをよく見かけます。

そして受注・契約した顧客に対して、追加注文や別のニーズがないか、また失注した顧客への継続営業などの顧客フォローを行います。

営業プロセスを図式化すると、普段、営業職がいかに多くのことを行っていて、それを個人に委ねているということがよくわかるでしょう。ただ、ここでは、プロセスを細かく作り上げるということが目標ではありません。後から変更があっても大丈夫です。

まずは話し合いの前提をそろえるために、大まかにでも作ってしまいましょう。

ポイント

● 一口に「営業」と言っても、会社によってカバーする範囲はさまざまなので、手順を含めて整理しておくとよい。
● そのために営業プロセスを図式化し、手順を「計画・準備」「商談」「振り返り・顧客フォロー」に分け、矢羽根の形で並べて整理してみよう。
① 「計画・準備」
● 営業計画は、営業組織の達成目標と営業職個人の目標にまで経営計画・事業計画の目標を落とし込んだもの。

- 行動計画は、1か月単位などで、営業の基本的な動きを表したもの。
- 商談計画は、個別の商談ごとのストーリーで考える。
- 目標の根拠が明確になっていない会社もあるので、できていなければこのプロジェクトをきっかけに見直してみる。

②「商談」
- 売れている人と売れていない人の違いは、準備にも差が大きく現れるものである。
- 商談の流れは、アイスブレイク、ヒアリング、課題設定、プレゼンテーション、クロージングが典型的な型。

③「振り返り・顧客フォロー」
- 振り返りでは、その月の売上目標や行動目標は達成されたのか、その理由は何か。できていないとすれば、どのように改善していくのか。計画の達成状況と理由などを整理する。

営業種別ポイント集

　私はこれまでたくさんの売れている人と売れていない人を見てきました。その中で見えてきた法人・個人×新規・既存の四つの営業種別の差が出やすいポイントについて紹介します。

　みなさんの会社の営業種別をイメージしながら読み進めてみてください。自社オリジナル教科書から抜け落ちてはいけないポイントを把握するヒントになるはずです。

　ここではあくまで、その営業種別の場合の一例として挙げるに過ぎません。ですが私が直接見聞きしてきた中から、紹介できる範囲で、具体的で実践的なノウハウを取り上げました。

　よいと感じたら真似をしてもいいでしょう。真似もまた成長の秘訣です。

●法人営業×新規

　新規開拓では、相手が自分たちのことをよく知らないところから始まります。

　初対面の印象は営業の成否に直結すると言ってもいいでしょう。中でも、商談の冒頭の、自己紹介・自社紹介は重要です。よく「第一印象は3秒で決まる」などとも言われますし、さまざまな心理学の法則を裏付けにその重要性が語られることもあります。

　ただ、私は「印象3秒！」や「メラビアンの法則とは？」といった法則の名前自体はそれほど重要ではないと考えています。それよりも具体的な言動を教えたほうがずっと実践的です。

では、新規開拓の際に、相手の印象に残り、魅力的な内容となる自己紹介・自社紹介とはどのようなものか。具体的に、**売れている人のセリフやトークの構造に着目する**ことが一つのポイントです。

　保険業界で世界トップクラスの営業実績を持つ方の営業ノウハウを分解したときのことです。この方は短時間でも、親近感や信頼感を抱かせる自己紹介ができていました。自己紹介そのものが「1分バージョン」「3分バージョン」「10分バージョン」などと複数あって、シチュエーションごとに使い分けていましたから、なるほどトップレベルだと思ったものです。

　一方で売れていない人は「加藤と申します。名前だけでも覚えてくれたら嬉しいです」という具合です。これでは相手の記憶には残らないでしょう。

　自己紹介であれば、親近感、専門性などの観点。自社紹介であれば、信頼感や信用、自社の強みなどがポイントになることが多いでしょう。

　たとえば親近感を持ってもらうためには、あらかじめ調べて知った相手と自分との共通項を示してみます。また専門性や信頼感には、その分野におけるプロフェッショナルさを伝えるために略歴や沿革について数字を盛り込みながら言葉を考えます。

　「当社は地元○○町で、創業30年目になります。代表は、もともと○○業界で10年勤めて独立しました。私も○○社出身で○○を専門にしてきました。高校生の子供がいまして、実際に○○を購入していますから実話を含めて詳しく話せます」

　また、こちらの商材や業界に対する知識を十分に持ちあわせている相手なら会社名そのものや資格名が効くかもしれませんが、あまり知らな

い相手には、その手前となる基本的な情報や、ちょっと敷居を下げて説明や紹介をするなど工夫します。

　売れている人と売れていない人は、自己紹介、自社紹介から差があります。売れている人の自己紹介、自社紹介の、親近感や信頼感がどのセリフから生まれているのか、文字に起こして、構造に置き換えてみるようにして、確認しましょう。

　次に新規の場合は顧客と接触したら、話を前へと進めることが重要です。相手から「もう他社を使っているよ（だから必要ないよ）」もしくは「忙しい、時間がない」と返されて終わってしまうというのは非常によくある、お決まりのことです。
　ここでは、その断り文句が出てくる前提でアプローチするトレーニングをしているか否かが重要です。

　私がリクルートの求人広告部門に在籍していたときもそうでした。営業職は、他社で求人広告を出している企業に対してアプローチをかけます。その企業がニーズも予算もあることがわかっているからです。
　けれどもそこで「他社に出しているから、間に合ってるよ」と言われて「そうですね」と引き下がっては始まりません。広告を出しているということは、おおよそ、まだ人が採用できていないということ。相手の真のニーズは採用であり、十分に提案の余地があります。

　「みなさんにも大変喜ばれていて、○○さんの耳にもぜひお届けしたいお話もあります。ぜひ、今でなくてもよいので、お時間を30分ください」

と話を進めることが必要。売れてない人の壁を売れている人はどう乗り

越えているかを、構造的に分解するのです。

そしていざアポを取り、新規で話をしていくときにも、会社それぞれのノウハウがあるはずです。

新規開拓で、すでに同業の複数社と取引がある先へのアタックには2番手戦略というものがあります。

世の中には、ある目的に対して複数社の商品やサービスを使うケースがあります。たとえば求人広告や派遣や人材紹介などのHR業界ではよくあることですし、もっと生活に密着したもので言えば洋服や銀行、ポイントカードなどもあります。

そのとき「メインで使っているものは大切ですのでそのまま使い続けてください。ただ、それ以降の2番手から10番手のものは一度見直して、私たちのものを2番手からでいいので、使ってもらえませんか？」と入り込むのが2番手戦略です。

これはリクルートにいたある営業職の方が使っていた戦略で、私はその後、別の業界でも応用できることを知りました。

もう一つ、法人×新規における営業で重要なのがクロージングでしょう。初めての契約がとれるかどうかのキモです。

法人の場合、決裁者、もしくは、決裁や稟議の手順や会議体を押えることが大切です。売れてない人は「決裁者は把握してます」で止まっており、決裁者の取り巻きなどのさらなる詳細を確認できていなかったり、その決裁者を動かすためのセリフやトークがないことが多いです。

売れている人は「来週の水曜の15時から会議ですよね。また前日に不明点などないかご連絡しますね」と確認をしていたりします。どんなセリフで確認しているかまで、売れている人の言動を詳しく分解するようにしてみてください。

　また業種によっては、本契約の手前に仮契約や仮申し込みがある場合もあるでしょう。あるいは基本契約や取引契約などといった呼び方かもしれません。

　もしも本契約に至らなければ売上につながらないのであれば、仮契約の数が増えるだけではもどかしいばかり。このような手順を踏む商材の場合、売れていない人がどの時点までクロージングできているのかを確認しましょう。そして売れている人がどのように本契約までこぎつけているのか、または仮契約を飛び越えて直接的に本契約を結んでいるのかを確認して、その言動を分解してみます。

　売れている人と売れていない人とでは、発言の一言一言が違います。自社オリジナル教科書を作るというのは、「その一言」を言ってもらうための取り組みです。

●法人営業×既存

　既存の顧客に対して行う法人営業と言えば、得意先を回るルートセールスがその代表格でしょう。ルートセールスで売れる、売れないの差になるよくある落とし穴は、顧客の会社に行くことだけが目的になってしまっているかどうかです。

　なぜ、行くことが目的になってはいけないのかと言えば、本来は行って顔出しするでも面談するでも、目的とゴールがあるはずで、さらにはそれを達成するための準備をしなければならないからです。

　情報収集なのか、相手に新しい情報を知ってもらうことなのか、進捗を確認するのか。その都度、達成したいことを明確にする必要があります。

　売れている営業職は実はこれをやっています。ですが意識しなくてもできてしまうために、人に指導するときには「顔を出しておけばいいんだよ」と抽象的になってしまいます。

だからこそ客観的に売れている人と売れていない人の差を見出すことが大切なのです。

　なお、顧客がすでにいるのですから「なぜ、当社にご発注をいただけたのでしょうか?」と、顧客に直接どんなニーズがあったのかを聞いてしまうというのも有効な営業ノウハウを見つけ出すうえでは効果的です。自分たちが思っていた強みと違うところに魅力を感じてくれていたことがわかるかもしれません。

　さらに、顧客の組織内外の人間関係を把握しておくことも非常に重要です。
　既存顧客への営業では、すでに関係性がある分だけ、ベテランの営業職などは誰と誰が利害関係にあって、話を通すには誰から話を通すべきかを知っています。
　この部分を若手に引き継ぐ際は、重要な情報として引き継ぎができる仕組みかどうかも確認しましょう。相手の人柄を申し送りするだけでなく、決裁における相手の立ち位置や利害関係も含めて図にして説明するというように、引き継ぎ方もルール化しておくことも属人化を防ぐことに役立ちます。

　また、指導の場では「もっと会わなければならない人がいるでしょ」と曖昧になりがち。これだと若手の営業職は困ってしまいます。
　新卒の若手や中途入社だと、そのあたりの人間関係を分解できる目はまだ養われていませんし、一度同行して見せただけでは伝わりません。どの役職の相手が重要かなどを言語化して共有しましょう。

●個人営業×新規
　新規の相手への個人営業では、法人営業のように公開されているホー

ムページもなく事前情報も乏しいでしょう。また、相手も営業を受けるという状態になっていないこともあります。

　法人営業なら会社と会社の付き合いでもあり、一人の営業職としてそこまで気に入ってもらえてなくても営業が成立して商材を買ってもらえるかもしれませんが、個人営業ではいくら値段が安くても「この人からは買いたくない」と思われればおしまいです。

　そのため個人営業での初回の印象は、**法人営業の場合よりも、さらに重要**かもしれません。

　まず、自己紹介については、前段の「法人営業×新規」を参照して下さい。

　次に、挨拶の直後に「今よろしいですか？」という一言も大事です。わかっている人には「何を当たり前のことを」というレベルですが、できていない人はいます。

　「この後、1時間いただきますが大丈夫でしょうか」や「何時に出なければいけませんか」という時間の確認は、別に難しい話ではありませんが、できていなければ、「顧客相手を思いやれていない」という観点で致命的です。

　住宅展示場の例では、出迎える際に売れている人が問いかける「本日はお車でお越しですか、もしくは電車でお越しですか」の無意識の一言にも、実は狙いがありました。「車です」と相手が答えれば、そこで「住宅選びの際には駐車場も考慮されるだろう」ということがわかるからです。

　自動車販売なら、「お客様、本日ちょうどいいタイミングですよ。今なら、あの人気車種が再来月には納車できますよ」などと話す方もいます。

まだ欲しいとも買うとも言っていないにもかかわらず、先に「手に入るものと時期」を投げかけるのです。相手は「来月には間に合わないんだな」や「再来月なら長期休暇のタイミングだ」などと想像できます。

そのうえで売れている人は、相手が個人だとしても財布の紐を握っているのは誰かを知るように留意して話を進めます。決裁者であるご家族からの心象ではイエスにもノーにもなるからです。

きっと同じようなことをしている営業職が、みなさんの会社にもいるかもしれません。個人インタビューから見つけ出したり、ロールプレイングからポイントを探ってください。

少し脱線しますが、違う業界でも営業プロセスやノウハウが似通っている場合はあります。たとえば投資用マンションの販売は、ファイナンシャルプランナーの資産形成と似ています。要は老後の備えという話だからです。一方で、同じ新築住宅でも、分譲住宅と注文住宅、そして投資用マンションでは、商材は似ているようでも、顧客のニーズがまったく異なります。中途入社者の前職には気をつけましょう。

●個人営業×既存

個人営業で既存の顧客への営業では、「わかってくれている」と感じられる対応をすることもポイントになることが多いです。

過去の履歴に基づいたコミュニケーションや提案があることは、さらなるリピーターになる理由にもつながります。もし担当者が変わっても、自分のことを知ってくれていたら嬉しいでしょう。逆に、以前に話していたことが忘れられていたら、顧客はがっかりします。

担当者が変わっても顧客の情報を共有するためには、カルテのように記録されている必要があり、これについては営業組織などで共通のものを用意していると思います。ところが、これを活用しているかどうか、

うまく引き継がれているかと言えば、個人によって差があることがあります。

　想像してみてください。以前に一度、商品を買ったことのある方が来店するとします。予約してきてくれれば、事前に購入履歴やカルテを見返せば、以前どんな商品を買ったか、どんな会話をしたかなどを予習して、来店時の提案に活かせます。

　また、ふらっと来店された場合はすぐには思い出せないこともあります。そんなときにも、売れている人は「そちらにお掛けください」などと少し待たせている間に、瞬時に履歴やカルテを見返して何食わぬ顔で「以前、ご購入いただいた○○はいかがでしたか」などと話します。

　売れていない人はそのようなカルテ等を見返すことはせず、記憶だけを頼りにします。当然、担当しなかった顧客のことはよくわかっていませんから「初めてですか？」などと残念な対応をしてしまいます。

　一方で、これが営業職個人の問題ではない場合もあります。

　複数の営業拠点や営業店舗がある場合、個人レベルだけでなく、拠点や店レベルでも差が出てくることがあります。

　そのときにやはり、売れている拠点と売れていない拠点を比べると見えてくるものがあります。

　私が複数の拠点を持つ会社の、各拠点長へ個別インタビューを行った際、営業成績のよくない拠点では「営業職が辞めてしまうため引き継ぎがうまくいっていない。特に若手がすぐに辞めてしまう」という課題がありました。

　そこで、これについて営業成績が抜群によい拠点長に辞めてしまうという課題にどのような対応をしているかを聞いてみたところ「すべての顧客とのコミュニケーションは履歴に残してもらっています。そして、

必ず1か月に1回は電話をさせています。つながらなければ留守電にメッセージを入れて、その留守電のメッセージ内容もメモをさせて引き継げるようにしています」と明確な答えが返ってきました。

　拠点長のマネジメントや言動、指示は、やはり現場の営業職の行動にも影響があります。成績のよくない拠点長の売れない言い訳は、そのままその拠点の部下である営業職の売れない言い訳になってしまうので要注意です。

ポイント

- ●「法人営業×新規」の場合、断り文句が出てくる前提でアプローチするトレーニングをすることが重要であることが多い。ときに2番手でよいから入り込む手を考えてみるのが有効なとも。また、肝になるクロージングでは、決済プロセスの確認や、売れている人と売れていない人の発言内容の詳細な違いを確認しよう。
- ●「法人営業×既存」の場合、単にルートを回るだけではなく、訪問の目的とゴールを明確にすること。また、引継ぎの際は顧客の組織内外の人間関係まで伝えることが大事。
- ●「個人営業×新規」の場合、法人営業以上に初回の印象が重要。相手を思いやる一言を言えるように個人インタビューやロールプレイングから見つけ出そう。
- ●「個人営業×既存」の場合、「わかってくれている」感じが重要なので、顧客カルテなどを作成して、担当を引き継いでも情報を共有できるようにしておく。

仮説を立てる

　準備①～③が終われば、営業力の差が出る部分や要素、また育成上の課題やその原因について仮説を立てておきます。

　ここで一つワークショップを紹介しましょう。私は営業人材の育成の依頼をされたときなどに「仮説出しワーク」というものを実施することがあります。仮説出しワークとは、その名のとおり売れている理由と売れていない理由について、管理職の方から仮説を出してもらうワークショップです。

　たとえばエリア別の責任者を数名集めて、まずは退職者を含めて、歴代の売れていた営業職を3～5名ほど思い出していただき、それぞれがなぜ売れているのかを端的に挙げてもらいます。

　「まず『○○力』と書いてください」とお願いすると、「懐に入る力」や「粘り力」、ときには「魅力」などの言葉が挙がります。その中で、もっとも多く挙がる言葉が「人間力」。「あの営業は『人間力』があるから売れている」と。ただ、「人間力とは何でしょうか?」とさらに聞くと、それ以上、言語化されないことがほとんどです。段取り力など、他についてもさらに掘り下げてみても、人によって定義が曖昧です。ただ、ここではそれ以上の詳細や背景まで出てこなくても気にする必要はありません。

　ワークでは続いて、売れていない営業職から出てくる。売れない言い訳を思い出して、紙に書いてもらいます。すると、売れている理由よりもすらすらと出てくるものです。

「電話がつながらない」

「アポが取れない」

「他社で間に合っていると言われる」

「当社の商品の単価が高い」……

どうでしょう。みなさんの会社でも、このような言い訳を聞くことがありませんか。そして具体的な顔が浮かべば、あるいはイライラしてくるかもしれませんね。

ただ一方で、人によっては、その言い訳をなくしていけばいいのかもしれないと気づきます。

「アポが取れないなら、アポ取りの教育をすればいいかもしれない」

「商品単価が高いというのなら、その理由を説明できるようにメンタルブロックを外したり、商品知識を深めてもらおう」

そこでようやく、売れている理由と売れていない理由について、言語化が少し進みます。原因を探る手掛かりが得られるのです。ただ、意外と「売れていない理由は人間力だ」といった把握で留まっている会社は少なくありません。この後、言語化を進めていきましょう。

ポイント

● 売れている理由と売れていない理由について、管理職の方から仮説を出してもらう「仮説出しワーク」をやってみると、売れている人の理由は曖昧な言葉が出てくることが多いが、売れていない理由はすぐに明確に出てくる。

7 育成ターゲットを決める

続いて、育成ターゲットを決めます。

全員いっぺんに同じ研修を受けてもらうのでは、一部分は新人にだけ役立ち、別の一部分は中堅にだけ役立つといったことが起こります。

「そんなこと知っているよ」という内容まで教えることになったり、逆に「え、ちょっと難しすぎてついていけない」となってしまうのでは効率的だとは言えず、みんなの時間がもったいないでしょう。

ですから、**人材育成はターゲットごとに行います。**

営業職は営業力（売上実績や、担当顧客の難易度、担当できる数など）によって、トップ・ミドル・ボトムと大きく分けられると思います。

ここから、「ボトムをミドルに上げる」「ミドルをトップに上げる」など、この自社オリジナル教科書が目指すものは何かを決めます。

わりとトップは自燃性のタイプが多い傾向があります。また、なにしろ自分で燃えてくれるので、それほど緊急性は高くはないでしょう。むしろ、ボトムにいる半人前の営業職を一人前に育てるほうが効果も出やすいはずです。

ミドルにいる営業職をさらにレベルアップしたいというのもよくあるご相談です。人数が多いため、全体として大きな効果が見込めます。自社オリジナル教科書では、特にトップとボトムの差が大きければ大きいほど効果的です。

育成ターゲットは会社ごとで異なります。営業計画や課題感により決

めましょう。

　繰り返しになりますが、くれぐれも十把ひとからげのような、ターゲットが漠とした人材育成は避けるべきです。

図表2-7　営業職の３分類

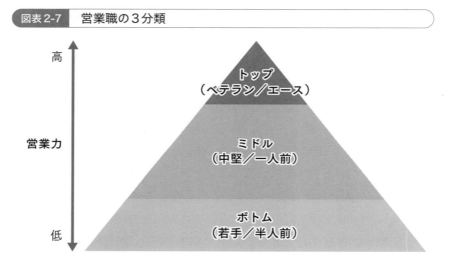

 ポイント

● 全員に同じ研修を受けさせると、対象者と内容にミスマッチが生じるので、人材育成はターゲットごとに行う。
● 「ボトムをミドルに上げる」や、「ミドルをトップに上げる」ことを目指すと効果が出やすい。特に、トップとボトムの差が大きければ大きいほど効果的。

基本となるターゲット顧客を把握する

●顧客対応はケースバイケースではない

みなさんの会社がターゲットとする顧客はどのような方でしょうか。

対個人営業であれば「若い女性向け」、対法人営業であれば「中小規模の飲食業者向け」などと大きめにくくったターゲット顧客は、すぐに思い浮かぶでしょう。

しかし、さすがに画一的な1タイプの想定だけでは営業は成り立たないはずです。実際は、異なるニーズを持つ何タイプかの顧客がいて、日々接していることと思います。

ところが、「では、もっと詳しく考えてみてください」と聞くと、「ケースバイケースですね」と答える方が驚くほどに多いです。

「ケースバイケース」というのは、再現性に欠けるということ。ノウハウは溜まりづらく、周りにも共有しづらいという課題があります。

ではなぜケースバイケースだと答えてしまうのでしょう。

こう答える営業職には、2種類いると私は考えています。一方は、経験が浅いために、決まったやり方が見出せずケースバイケースになるという方。もう一方は、経験が豊富なために、手札が多くてケースバイケースになるという方です。

実は、後者の、ベテランこそ顧客のタイプやニーズが多様だと知っていて「ケースバイケース」だと答えることに、人材育成の落とし穴があります。

本来、経験豊富なベテランのノウハウを、若手や中途入社の営業職に

伝えてこそ、営業組織全体が強くなります。

　しかし「結局、お客様ごとにニーズは違うからね」とベテランが伝えてしまえば、若手もまた「なるほど、その都度、その都度でしていくしかないか」と思ってしまいます。顧客のニーズの整理ができず、その結果、ニーズをつかめていない状態となってしまい、闇雲な提案をしてしまうため営業成績も上がりません。とても効率的だとは言えないでしょう。

●マトリックスで整理する

　そこで、顧客をタイプ分けしていきます。それも、複数だけどできるだけシンプルに分けることがコツ。ケースバイケースだからと複雑な何十種類に分けたところで、社内の共通用語にならずに忘れられてしまうからです。

　私がリクルートにいた頃の例を一つ紹介しましょう。

　飲食店やヘアサロンなどを紹介するホットペッパー事業にいた頃のことです。当時、ホットペッパーの営業職は、リクルートのグループ会社が提供するSTAR研修というものを受けていました。

　STAR研修とは、行動傾向から人を四つのタイプに分類するソーシャルスタイル理論を応用したものです。自分のタイプを把握すると同時に、各タイプ別の接し方を知ることで、営業に活かすのです。

　事業部ではこの4タイプが共通用語として浸透していて、「アナリティカル」という分析タイプの人を「アナ」という略語で呼び「あの担当者はアナだから──」といった具合でした。

　ところがある日、事業部は、このSTAR研修に代えて別の研修を導入することになりました。

　新たな研修は人を16タイプに分類するもので、4タイプに分けるよりも当然細かく、顧客へさらに的確な対処ができるだろうと期待されまし

た。おまけに、この新しい研修は費用も抑えられたため、喜んで導入されたのです。

　結果はどうなったと思いますか？

　ほとんどの営業職はその16タイプを頭に入れることができず、実務に活かせず、結果につながらなかったのです。単純にタイプの**数が多く、用語を覚えられず、使いこなせる営業職がほぼいなかった**のです。

　そこで私が研修に携わるようになって、すぐに元の研修に戻すことにしました。応用的な研修を否定しているわけではありません。しかし、社内用語として定着していかない研修は、やはり効果が出にくくなってしまうものなのです。

　さて、話を戻して、シンプルに分けるという点で方法はさまざま。ソーシャルスタイル理論以外に、シンプルなマトリックスで分類する例としては「商材利用の経験の有無」と「年齢層」の二つの軸で分ける方法があります。図表2-3のように縦軸と横軸をつくり、マトリックスにします。

　顧客が、自社が扱う商材を使ったことがあるのか、ないのか。そして年齢層を二つに分けて、かけ合わせます。

　たとえば投資用のファイナンス商材なりマンションなりを販売している場合、若年層はまだまだ将来のことや、老後のことまで考えていないだろうと想定できます。そこで老後の備えとしてのマネープラン設計の重要性や、備えがない場合のリスクについて説明する必要があります。

　一方で、年配者は老後の備えというよりは相続対策やご子息に何を残すのかといった話のほうが興味や関心があります。

　また、その商材を購入したことがなければ基礎から丁寧に周辺知識を

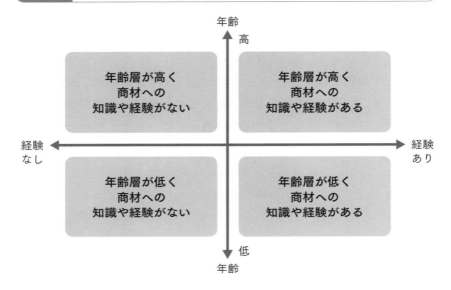

図表 2-8　顧客の整理例

年齢
高

| 年齢層が高く商材への知識や経験がない | 年齢層が高く商材への知識や経験がある |

経験なし　←　　　　　　　　　　　　→　経験あり

| 年齢層が低く商材への知識や経験がない | 年齢層が低く商材への知識や経験がある |

低
年齢

話して安心感をもってもらったり、不安を払拭することが大切でしょうし、すでに一定の知識がある方には最新のニュースを伝えたほうが喜ばれるかもしれません。

　このように、**顧客のタイプ別に営業トークも自ずと変わってくるはず**です。

　「経験の有無」は、旅行のツアーパックなら参加の有無や参加回数、ソフトウェアならリテラシー（知識や能力）の度合いというように、その業界ごとに言い換えてみるといいと思います。

　「商品を使ったことがない」「使ったことがある」「よく使う」など、区分を増やしてもいいでしょう。ただし、多くても6区分程度までに留めます。

　また、営業には法人営業（B to B）と個人営業（B to C）があるわけですが、法人営業の場合は、相手先の担当者個人をタイプ別に分けるこ

ともあれば、「役職などの階層」で区分することもあります。個人営業であれば、先ほどの経験値と年齢、または、問い合わせを含めた接触ルート別や購買意欲レベルなどもあります。

　自社の顧客を一度、網羅的に俯瞰して見て、どの2軸でマトリックにすると営業の現場では役立つのか。みなさんの会社の顧客の顔や声を思い出しながら、しっかり考えてみてください。

●教材で学んでもらいたいターゲット顧客を絞る

　顧客はどのようなことに困っていて、どのような要望があるのか。それぞれに事情は異なるにしても、いくつかのタイプ分けはできたと思います。

　整理したうえで「これから作る自社オリジナル教科書は、**どの顧客をメインターゲットとするか**」を決めることも必要です。あれもこれもと欲張ると、結局は内容に収拾がつかなくなったり、使われなくなったりしてしまうからです。

　「まずは『年齢層が低く、商材への知識や経験がない』方に対して攻略ができるものにしよう」というように、営業職に**必ずマスター**してもらいたい部分を決めてしまいます。そこからは応用編として「年齢層が高い」「商材への知識や経験が豊富」「難しいオーダーをしてくる」といった顧客に対しては実務の中で営業経験値を上げる仕組みにするという具合です。

　詰め込みで教えるのではなく、営業職には一つずつ着実にレベルアップしてもらいましょう。すると基本となるターゲット顧客に売ることができるようになり、売上につながり、自信もついてきます。

　自信がつけばさらなる成果につながります。

　自信のなさそうな人と、自信に満ちた人。顧客から信頼を得るのはどちらかおわかりですよね。

ポイント

- ●ターゲット顧客へのアプローチを「ケースバイケースですね」と答える人が多いが、これでは再現性が欠け、ノウハウとして蓄積されず、周囲にも共有しにくい。

- ●「ケースバイケース」で営業をしている人には、経験が浅いために決まったやり方が見出せずに場当たり的になっている人と、経験が豊富で手札が多いためにケースバイケースの対応ができる人の2種類が存在している。

- ●ベテランが「ケースバイケース」だと指導してしまうと、若手は顧客ニーズの整理ができず、闇雲に動くしかなくなってしまう。

- ●顧客はシンプルに4タイプくらいに分ける（数が増えると覚えきれなくて使いこなせなくなるため）。多いのは、「商材利用の経験の有無」と「年齢層」の2つの軸で分ける方法。

- ●自社オリジナル教科書は、どの顧客を基礎的なターゲットとするかを決め、営業職に必ずマスターしてもらいたい部分を決める。ターゲット顧客に売ることができるようになると、自信もついてきて、さらなる成果につながる。

column

「傾聴スキル」と「ソーシャルスタイル理論」は9割の会社が学ぶべき

　本書は自社で営業の人材育成を推し進めるという話をしています。ただ一方で、世の中にすでに出ているスキルのノウハウを取り入れたほうがよいと思うものが二つあります。

　一つ目は傾聴スキルで、つまり「聞く」ということです。

　コミュニケーションには「話す」と「聞く」があります。そのうち、話すことは学生時代の人前での発表や、意見の主張などで意外と鍛えられてきています。また、社内のロールプレイングの場も、話すトレーニングになっていることが多いです。一方で、聞くことについては学生時代の学習を含めてみても意外と鍛えられていません。相手の話を親身に聞くためのうなずきや相槌、相手の言葉の復唱といった基本的なこと、さらには潜在的なことを含めて積極的に話を引き出すためのトレーニングなどを多くの人はしてきていません。

　売れている人はたいてい聞き上手です。一部の営業だけが天才的に聞き上手であるのではなく、営業職全員が基本スキルとして身につけている状態を作るためにも、外部の研修を活用するとよいと思います。

　二つ目は本編でも少し触れた「ソーシャルスタイル理論」です。

　ソーシャルスタイル理論は、心理学者のカール・ユングの論文に端を発して、1968年に産業心理学者のデイヴィッド・メリルらによって提唱されました。自己主張と感情表出という二つの尺度から、その組み合わせによって人を四つのタイプに分類します。相手を知り、その対処を考えるうえで有効です。いちいち診断をしなくても、

発言の癖や行動パターンから推測できるため実用性があります。個人営業の場でも法人営業の場でも活用できますが、中小企業では多くの場合知られていません。

　傾聴スキルとソーシャルスタイル理論は、身につけておいて損はありません。私が説明している研修動画（無料）もありますので、ぜひ活用して、取り入れてみてください。　【無料動画研修　Eラーニング】
https://loophole.co.jp/free

第 3 章

教科書の作り方②
情報収集と研究・分析・整理

トップ営業だけが営業ノウハウのヒントを持ってい
るのではない。
トップの定石、ミドル・ボトムがやりがちなミス、
いずれも大事。
その差分に、全ての答えがある。

営業の正解の8割が個人インタビューで見える

●売れていない人、売れている人の両方から話を聞く

営業プロセスの整理が終わり、育成ターゲットとしたい営業職や、ターゲット顧客が定まれば、次は営業職への個人インタビューです。

売れていない人と売れている人の両方から話を聞き、自社の営業ノウハウを研究します。

営業職それぞれのやり方が違うということは、飲食店にたとえるなら、作り手によってレシピが違うということ。

レシピの違いにより味のよしあしが生じているため、それぞれに「どのように料理を作っているか？」を聞き、よくある間違いや上手な人が使っている隠し味などまで明らかにするというのが個人インタビューです。

●個人インタビューから見えてくるもの

会社にとって、どんな営業が正解なのか。個人インタビューからは、8割方の正解が見えてきます。

ただ、そんな大事なステップのインタビューだからと言って、気後れや尻込みをする必要もありません。

以下、いつも私が行っているインタビューについてできるだけ手順を分解し、誰でもできるノウハウを抽出してみました。

まず、個人インタビューでは、営業職一人あたり1時間ほど話を聞きます。

質問については後に詳しく触れますが、仕事の価値観や、課題に思っ

ていること、具体的な営業活動について引き出して、話してもらう場です。

　対面で行ってもいいですし、離れた営業所にいる方に対してはオンラインで行ってもいいでしょう。

 ポイント

- 営業職の個人インタビューでは、売れていない人と売れている人の両方から話を聞き、自社の営業ノウハウを研究する。
- 具体的には、営業職一人あたり1時間ほど時間をとり、仕事の価値観や、課題に思っていること、具体的な営業活動について話してもらう。

2 思い込みを捨てて取り組む

　プロジェクトのメンバーには、大前提として押さえてもらいたいことがあります。

　個人インタビューをするときには、聞き手は思い込みを捨ててください。

　自社オリジナル教科書にまとめる際も同様に思い込みは捨ててほしいのですが、特に個人インタビューに思い込みを持ち込むと厄介です。なぜなら、思い込みがあると、相手の言葉を聞き逃していたり、意図しなくても誘導尋問をしてしまったりするからです。

　では、「思い込み」とは例えばどういうことかと言うと、私があるプロジェクトで、社会人向けにファシリテーションを教えたときのことです。そこでは大学生に対して、社会人がファシリテーターとして就職活動について聞いていました。

　社会人の方にはファシリテーションの練習として、大学生への語りかけをロールプレイングでやってもらいました。

　ある一人が次のように話を切り出します。

　「みなさん、就職活動って面倒くさいと思っちゃいますよね——」

　ストップ。ここで私はいったん遮ります。「就職活動が面倒」というのは、この方の主観的な思い込みだからです。大学生全員が就職活動を面倒だと思っているとは限りません。少ないかもしれませんが、大学1年から就職活動を始めている学生がいるかもしれません。

　それなのに、ここで「面倒」と言ってしまうと、そちらに話が傾いてしまい、その後の回答内容にも影響が出かねません。

　そのため、思い込みが入り込んでいない言葉を使ってもらうようにし

第3章 教科書の作り方② 情報収集と研究・分析・整理

93

ます。たとえば「就職活動ってどう思いますか」と、ポジティブでもネガティブでもなく、「ただ聞く」ようにするのです。

営業職への個人インタビューでも同じです。

「いつも営業がつらいと思うけれど――」と切り出したら、相手は「そうそう、営業はつらいんだよ」と思ったり、「この人は営業のつらい話を聞きたいのかな」と思ったりします。

また、相手の一つひとつの回答に対しても突っかかったらないようにしましょう。「本当に？」と疑ったり、「そんなわけないですよね」といった否定はもちろん、個人的によいと思ったことへ「まさにそのとおりだよ!!」と大賛成するのも避けます。

個人インタビューはあくまで相手に話してもらう場であり、こちら側の意見を伝える場ではありません。

個人インタビューでは、売れていない人と売れている人の両方から話を聞きます。トップ・ミドル・ボトムの営業職それぞれに共通して聞きたいこともありますが、トップに聞くポイントと、ボトムに聞くポイントは異なります。

単純化すれば、売れていない人からは課題を見つけ出し、売れている人からはその解決策を見つけ出すことになります。

とは言っても、売れている人にも課題はあるでしょうし、売れていない人から素晴らしいノウハウが飛び出してくることだってあります。

どこに営業ノウハウが隠れているかもわかりませんから、フラットな気持ちで聞くようにしましょう。

ポイント

- 質問の仕方によって相手を誘導してしまうおそれもあるので、個人インタビューでは思い込みを捨てて、ポジティブでもネガティブでもなく、ただ聞くようにしよう。
- 大きな流れとしては、売れていない人からは課題を見つけ出し、売れている人からはその解決策を見つけ出すことを目指す。

第3章　教科書の作り方②　情報収集と研究・分析・整理

3 相手の話をそのまま聞くための2つの鉄則

　「思い込みを捨てよう」と言われても、思い込みを捨てるということは、プロのファシリテーターやカウンセラーが扱うような訓練が必要な技術ですから、実は簡単ではありません。

　そのため、できるだけ思い込みを取り払って、相手の話をそのまま聞くための、簡単ですが効果的な鉄則を二つ紹介します。

　一つ目は、インタビューは、**対象となる営業職と直接の利害関係、すなわち上司部下の関係ではない人や関係性の薄い人が行うこと**。

　直接の上司部下の関係にあると、口が重くなるのも想像できると思います。「いつもお客様にどのように話していますか？」と聞かれても「間違っていたらどうしよう……」と不自然に取り繕った回答が出てくる可能性が高まります。

　そこで、上司でない事を踏まえた上で、さらにはできるだけ営業組織以外の人がインタビューをします。具体的にはプロジェクトに入ってもらったマーケティング部などのかたに、インタビューをしてもらいます。その際、インタビュー対象の営業職に「これは人事評価には一切関係ありません」と伝えておくと、相手に安心感を持ってもらえます。

　また、上司がその場にいることも避けましょう。たとえよい関係を築いていたとしても、部下からすれば意識しないわけにもいきません。もちろん「上司に報告するわけではありません」とも伝えるとよいでしょう。

　鉄則の二つ目は、**録画や録音をしておくことです**。

　これによってインタビューを後から客観的に振り返ることができ、ポ

イントの抜け漏れを防ぐことができます。

　実際、インタビューの場で一字一句すべてをメモするのは現実的ではありませんし、重要メモからも漏れてしまうこともあります。そのため、あらかじめ「これはプロジェクト以外の目的では使用せず、あくまで手元のメモ代わりです」と断りを入れて記録するようにします。

　インタビューアー以外のプロジェクトメンバーが記録を見聞きすることで気づける重要な発言もあるかもしれません。

　せっかくお互いに時間をとるのです。無駄にしないように記録をしておくことは大事です。

ポイント

- 思い込みを取り払って相手の話をそのまま聞くために、対象となる営業職と直接の利害関係がない人や関係性の薄い人がインタビューを行うとよい。

- インタビューのときには、あらかじめ「これはプロジェクト以外の目的では使用せず、あくまで手元のメモ代わりです」と断りを入れて録画や録音をしておくとポイント抽出時の抜け漏れを防止でき、聞くことにも集中できる。

4　個人インタビューで聞くこと

●売れていない人・売れている人に共通の質問

　プロジェクトのメンバーは思い込みを捨てるという大前提を押さえながら、インタビューをセッティングします。

　質問内容には基本形があり、ここでは基本形を中心に話を進めます。実際は会社ごとで、探りたいポイントが異なるでしょうから、アレンジしてみるといいでしょう。

　ただし聞く順番は重要です。最初に売れていない人、次に売れている人へ。「課題を見出してから、その解決方法を探る」という順序です。それぞれに聞きたい共通のポイントもあれば、異なるポイントもあります。

　最初に、インタビュー対象者全員に共通している質問から説明しましょう。

　まず相手に対して、インタビューの趣旨を伝えます。

図表 3-1	個人インタビューの流れ

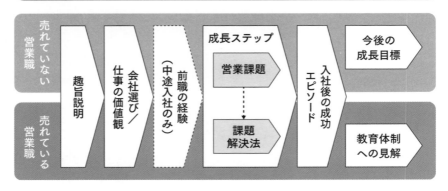

「今回、社内の営業職の知恵をいいところどりしたトレーニングツールを作ることになりました。今後、入社してくる方に効率的に戦力になってもらうためのツールです」

　ここでのポイントは、「ああ、社長が前に話していたプロジェクトのことか」と思い出してもらうと同時に、「新しく入る方のために協力してください」と伝える。これによって、それほど身構えずに発言しやすくなります。
　続けて、話します。

「これは評価には一切関係ありません。このプロジェクトでは、わかっていることも含めて、改めて営業のみなさんがどんなことに困っていたり、実際にどんなことをしているのか素直に話してもらいたいと思っています。正解を話してもらうことが目的ではありませんので、○○さん個人が感じたことや捉えたことをそのまま話してもらえると、とても助かります。また、『たとえば』ということで実際に体験されたエピソードなどもおねがいします。営業の棚卸しをしたいので、具体的に話してもらえるとプロジェクトとしては嬉しいです」

　このように、まずは「協力してください」「話してください」というお願いをします。いわば**約束事を共有**してから、質問に入ります。
　聞くことは**相手の入社動機や背景**からです。まずは社会人になったとき、つまり新卒入社のときの会社選びの観点から聞きます。中途入社の方なら、前職での経験や退職から転職に至った背景なども改めて聞いてみます。これらは相手の、仕事の上での価値観を探るための質問になります。

　たとえば「就職活動では金融系の会社を受けていました」と答えてく

れた場合、さらに「どうして金融系だったのですか？」と聞いてみます。すると「やればやった分だけ、給与が高くなりそうだったから」や、一方「安定してそうだったから」など、思っていたよりもさまざまな価値観が現れてきます。

　そこから給与が動機として大きかった方に対して、意欲を高めさせるには「営業インセンティブがモチベーションに大きく影響しているのかも」などの仮説が生まれたりもします。

　もちろん、それほど積極的に就職活動をしなかったという場合もあります。「親戚の縁でした」や「条件が厳しくなかったので」など、これもさまざま。ですが、そうした理由だからと言って決してわるいわけではありません。入社後に意欲が高まり、トップ営業になっているという例もあります。

　ある会社の新卒入社3年目の営業職に個人インタビューをしたときのことです。

　その会社は郊外に拠点を置く中小企業で、社員数の規模もそれほど大きくはありませんでした。これまでは中途採用がメインでしたが、ようやく採用できた新卒社員である彼には、将来は管理職に就いてもらうことを見据えた上で、営業のエースとして活躍してもらいたいと思っていました。

　ところが彼の価値観は対照的でした。会社選びの価値観を聞いてみると「田舎で無理をせずに働きたい」。たしかに彼は就職活動で、都市部の会社から内定を得ながらも、その都市部の会社を選ばずに、対照的な現在の会社に入っています。ただ、ともすると後ろ向きにも捉えられそうな言葉の一方で、彼は複数社から内定を得るほど優秀でした。

　そこで私は、もう少し価値観を掘り下げようと「社内で尊敬できる人はいますか？」と聞いたところ、彼からは「○○部長です」というはっ

きりとした答え。「きちんとした仕事で、お客さんにも丁寧だからです」。

　ここで、「彼はその部長の丁寧な仕事を真似したいと思っているのではないか」という仮説が成り立ちます。そして「丁寧な仕事をするためのノウハウを伝えていくと意欲を持ってくれるかもしれない」という、人材育成プランの構想にもつながっていきました。

　一方、別の会社での個人インタビューで驚いたことがあります。

　その会社では営業アシスタントに対して、「ゆくゆくは営業のプレゼンテーションからクロージングまで担ってほしい」という考えがありました。

　しかし私が個人インタビューをしてみると、もともと事務作業をするつもりで営業アシスタントとしての求人に対して応募したとのこと。そうは言っても営業経験者なのかと思って聞くと、前職の経歴も事務だったと言います。

　会社側が営業をやってもらいたいのなら、求人の際に職務内容や入社後の期待について応募者に誤解が生じないように求人情報を書く必要があります。これは採用での課題が見つかったという例です。

　みなさんが社内の方に向けて、個人インタビューをするときには、こうした事情は頭に入っているとは思いますが、もしかしたら思わぬ事実が飛び出してきて驚くかもしれません。もしも営業職のレベルアップ以前の話であれば、別の対策をとる必要も出てきます。

　また、別の角度からその営業職の価値観を聞くこともあります。それが「入社後の成功エピソード」です。

「ご自身のこれまでの経験の中で、一番よかった仕事のエピソードについて教えてください」

「一番印象に残っているお客さんとのやり取りを聞かせてもらえますか」

など、成功体験に焦点を当ててもらいます。これもやはり相手の価値観から課題の捉え方や営業のスタンスが垣間見ることができますし、今後それらをどのように紐づけて意欲を高めていくかを考えていく際に役立ちます。

　加えて、そのエピソード自体から、営業現場での行動やスキルも把握できます。営業成績からは表れてこないものが、ここでわかってくるのです。ですが、インタビューはまだ序の口。ここからさらに具体的な営業活動についてインタビューを進めることになります。

●売れていない人への質問

　売れていない人へのインタビューでは、課題を探ることがポイントになります。

　ここまでの成長ステップの中で、段階的にどのようなことにつまずいてきたのか、営業上で困っていたことは何であったのか、売れない理由（ボトルネック）は何か。入社してから現在までの歩みを軸に、なるべく具体的に話してもらいます。

　ポイントは入社から現在までを、三つ程度の期間に分けて聞くこと。分けることで、話の焦点化がしやすくなります。

　また個々の期間は、杓子定規に等分するのではなく、自由に分けます。ポジションの変化によってやることが変わってきたという方もいれば、お客様や自分自身の変化によって変わってきたという方もいますから、相手が実感している「第一ステップ」「第二ステップ」「第三ステップ」を区切ってもらうようにしましょう。

　たとえば、こちらから「今は入社して3年が経ったところですね。入社後、営業に配属されてから今までの成長ステップを3つくらいの期間に分けるとして、最初の区切りはいつ頃になりますか？」と聞きます。

　相手からの「先輩からの引き継ぎとか、指導を受けていた3か月くらいですかね」といった回答に対して、次は「では、その頃を思い出してください。今は普通にできていることでも、その当時は、なかなか苦労したり、困っていたことは何でしたか？」と聞きます。

　そして「商品を覚えるのが大変でしたね」などの困りごとが現れたら、それを受けて「それはどんな場面で特に感じて、そしてそれをどのように解決しましたか？」と重ねて聞くのです。困りごとが抽象的なら掘り下げて聞きます。

「アポが取れなくて……」

「具体的には、どういうことですか？」

「電話をしても『いません』って言われて、そこで止まってしまっていました」

「それはちなみに記憶を呼び起こしてもらうと、どんなトークをして『いません』と言われたのですか？」

　このように細かいところまで聞いて、ようやく本質的な課題を見つけ出すことができます。

　ここで出てきたテーマは、後に営業プロセスの各ステップに落とし込むことになります。

　つまり「商品を覚えるのが大変」という困りごとであれば、必要知識の習得段階で解決すべきことがある、もしくは「準備・計画」の中の「商談準備」で取り扱うという具合です。会社それぞれで営業プロセスは異なるため、実際は会社ごとのステップに沿って落とし込みます。

個人インタビューの際にありがちなのが、あまり話してくれないタイプの方にどのように聞くかという問題です。

　こちらが聞かなくても話してくれるタイプもいますが、ここではたくさんの具体的な課題を出してほしいため、話してくれないと始まらないところがあります。そんなときには、**日々の営業活動で困っていそうなことをこちらから投げかけてみましょう**。くれぐれも、ですが、思い込みではなくあくまで「投げかけ」で。

　「例えば他の人からは『アポが取れない』とも聞きますけれど、そういう悩みは、もしくはまったく違うものでもよいですが、当時何かありましたか？」などと話してみます。

　前章で紹介した仮説出しワークをやっていた場合は「売れていない営業職から出てくる言い訳」をここで出してみるというのも一つの手です。具体的な困り事をこちらから挙げてみるのは、「そんなことも話していいんだな」という安心感にもつながります。

　入社から現在までの歩みを軸に、各ステップにおける営業での困りごとを一通り聞いたら、最後に**今後どのように成長したいと考えているのか**を聞きます。

　やはり会社としては、営業職のみなさんに「成長してほしい」と思いながら、このプロジェクトを進めていますから、本人の成長の意思やイメージを確認しておくことは大事です。

　ただ、ここで「この会社で営業をやっていく中で、今後どのような営業職になっていきたいですか？」などと聞いても、きっと抽象的な言葉しか返ってこないでしょう。ですが、それでも本人の口から言ってもらうことが重要です。そして、もう少し聞いてみます。

　「では、そうなるための、成長の課題やテーマは何でしょうか？」
　「ご自身では今後、どのような力を身につけたいですか？　どのよう

な力があったらいいなと思いますか？」

　そこでもやはり抽象的だったり、ピントのずれた答えだと感じたりして、「そんなことでは意味がないよ」とイライラするかもしれません。ですが、まずは相手の気持ちを承認してあげることが重要です。

●売れている人への質問

　売れていない人への個人インタビューが終わったら、次は売れている人への個人インタビューに移ります。

　入社から現在までの歩みを軸にしながら聞いていくのは、売れていない人への場合と同様です。

　ただし、ここでは「売れていない人が突き当たった壁や困りごとを、売れている人はどのように解決しているか」という視点で聞きます。

　仮に、ある中古品販売の会社のケースで考えてみましょう。

　売れていない人に困りごとを聞くと「お客様に不具合を説明することがためらわれます」という答えが返ってきました。その会社では、あらかじめ社内で中古商品の点検をした際の点検書類が営業職に回ってくるのですが、そこにいくつもの不具合が書かれているというのです。そのため、いつも「すみません、この商品には○○と○○という不具合がありまして」と説明しているそうです。

　そこで、売れている人にこの困りごとの解決方法について聞きました。

「商品の不具合についてどのように説明していますか？」
「いえ、まず『不具合』とは言っていません」

　どういうことかと言えば「――という不具合があります」ではなく、「――という状態です」と説明するのだと。「判断するのはお客様であ

る」というスタンスです。

　自分たちは中古品を売っているのであって、別に粗悪品を売っているわけではないということ。もちろん致命的な傷や機能不良については説明するそうですが、それについても「私どもで修理して納品することもできますし、お客様のほうで修理いただいても構いません。もし私どもにお任せいただくようでしたら、いくらです」と提案をしていると話してくれました。

　このような答えが出てくればしめたもので、自社オリジナル教科書には「まず『不具合』と言うことを止めましょう」という解決方法を書こうということになります。

　丁寧にインタビューをしながら、売れている人のノウハウを探っていきましょう。また売れている人はまったく違うやり方で営業していることもありますから、困りごとに対する解決方法だけを引き出すのではなく、売れていない人が困っていなかったことについても一通り聞くようにしましょう。

　最後に、現状の人材育成について感じていることも聞いてみます。
　ただ、これについては「あまり考えたことがないですね」という答えが出てくるかもしれません。たいていの営業職は自分自身の営業目標や成長のことは考えられますが、会社の人材育成についてまで考えが至っていない方もたくさんいます。
　ここでは少し目線を広げてもらうための質問として投げかけてみましょう。もちろん何かよい示唆が出てくれば、今後の参考になります。

ポイント

- 最初に売れていない人に聞き、次に売れている人に聞くのが原則。課題を見出してから、その解決方法を探るという順序を意識しよう。

①売れていない人・売れている人に共通の質問

- インタビューの趣旨を伝え、「協力してください」「話してください」というお願いをしてから、入社動機や背景について質問し、価値観を掘り下げていく。

- 入社後の成功エピソードについて尋ね、成功体験について語ってもらうことで、課題の捉え方や営業のスタンスを垣間見ることができる。

②売れていない人への質問

- 入社から現在までを三つ程度の期間に分けてもらい、困っていること、売れない理由などについて話してもらう。日々の営業活動で困っていそうなことを投げかけてみてもよい。

③売れている人への質問

- 売れていない人への質問と同様に、入社から現在までの歩みを軸にしながら聞いていくが、その際「売れていない人が突き当たった壁や困りごとを、売れている人はどのように解決しているか」という視点を持ちながら聞くようにする。そして見つけた差分を自社オリジナル教科書に盛り込む。

5 営業の実態をより把握するために

　ここまで個人インタビューについて説明してきました。売れていない人と売れている人が日々どのような営業活動を行い、何につまずき、それをどのように解決しているのかを探るのが個人インタビューです。

　しかし、いくら個人インタビューを重ねてもわからないということもありえます。ときには、こちらの聞き方不足で有意義な情報がそこまで入手できない場合もあるからです。「話してくれない」というのは、別に悪気があるわけでも、隠そうとしているわけでもなく、その本人ですら気づいていないために話せないということもあります。

　職人芸の領域になればなるほど、言語化されていないもの。プレゼンテーションの名人に「プレゼンテーションの秘訣は？」と聞いて「いや、その場の空気を感じながら話すだけですよ」や「当たり前のことをやっているだけです」という答えが出てくると、参考にするのは難しいでしょう。

　そこで、個人インタビュー以外で、営業の実態を把握する方法を二つ紹介しておきます。

　一つは**ロールプレイング**です。誰かにお客様役になってもらい、営業の現場を再現してもらいます。**特定のシチュエーションを設定して、会話や行動、提案の内容などを確認します**。質問されると構えてしまうかもしれませんし、思い出す手間がかかる方もいるでしょう。そこでロールプレイングで見せてもらうことで、思い出しやすくなるかもしれません。

　もう一つは**営業への同行**です。ロールプレイングはあくまで社内で行いますが、営業同行は**現場の観察**です。

　私が自社オリジナル教科書のために、営業の実態を把握するときにも、

現場のイメージが湧かなければ同行させてもらうこともあります。また、接客販売のときは顧客として、いわば覆面調査をして回ったこともありました。

　これらは営業活動の妨げにならないように行う必要がありますし、一定の制限はありますが、自然な営業の様子が見られます。さらに、お客様の生の反応も見られますから、大いに参考になるでしょう。

　いずれにせよ、ポイントは、「売れない方から見て、次に売れている人を見る」です。

　リクルートのホットペッパー事業で営業同行をしたときの話です。
　同行した営業職は、広告掲載の新規受注はできても継続受注がうまくできていませんでした。飲食店に継続受注の営業に行っても、店長さんからは「来店につながらず、効果が出ていない」と言われてしまうという課題感を本人は持っていました。
　しかし聞いてみると、お客様の言う「効果」が何を指しているのかということまでは、あまり把握していないようでした。
　売れている営業職は、何と比較してどんな効果が出ていないのかを確認します。先月の数字と比べているのか、単にイメージで話しているのかをすり合わせたうえで話をします。
　売れていない営業職は、そこをすり合わせず店長さんから「効果が出てないよ」と言われると「すみません」と謝るだけになってしまうのです。

　ある飲食店への営業に、私が同行して一緒に話を聞くと、たしかに店長さんが「全然、効果が出てないよ（だから掲載は止めるよ）」と話してきます。ところが壁に掛けられたカレンダーには、しっかりと「ホットペッパー宴会」という走り書きがありました（笑）。「いや、予約が入っているじゃないですか」と言うと、「あぁ、予約はあるね」と店長さん。

そこでご自身で気づき「効果、あるんだね」ということになりました。

　つまり「効果が出ない」というのは、ちょっとした決まり文句に過ぎなかったのです。

　これは現場に行ってみないとわからなかった例の一つです。継続営業の受注率の低さが本当に広告効果のせいなら商品自体を見直す必要もあるかもしれませんが、単に顧客の主観的な印象であるなら営業のスキルによって乗り越えられるだろうとも考えられます。

　このように、**営業同行は具体的な営業スキル面での課題や、別の解決方法が見つかることもあり、より深い営業実態の把握につながります。**

　ここまでくれば、みなさんの会社の営業職がどのように活動しているのか、一通りの棚卸しができた状態です。

　営業職の成長のためのノウハウの原石があらかた掘り出せたと言ってもいいでしょう。これらを見れば、「自分たちの会社はまだまだ成長できるんだな！」と、これからの営業職の成長の可能性にきっとわくわくしてくるはずです。

　ただ、これらはあくまで原石。きちんと、多くの営業職が汎用可能なノウハウに磨き上げていく必要があります。

 ポイント

- いくら個人インタビューを重ねてもわからないということもありえる。そこで、ロールプレイングをやってみて、営業の現場を再現してもらう手がある。
- 営業に同行することで気づくことも多い。一緒に行くケースもあれば、客として覆面調査をすることもある。

伝えたいノウハウを絞る

　個人インタビューから、たくさんのノウハウの原石が発掘できたと思います。

　しかし現実的には、**ノウハウをたくさん載せればよいというものでは**ありません。みなさんが作るのは、分厚い「世界基準で通用するようなガイドマニュアル」ではないからです。

　さまざまな会社で人材育成の話をうかがうと、「当社はこれだけ人材育成に力を入れているんです」と、本当に立派な、分厚い営業マニュアルを見せてくれることがあります。

　さらに、それを営業職一人ひとりに配布して、読んでくださいと指示している。しかも聞けば、ちゃんと若手社員まで読んでいます。

　ところが、その営業マニュアルに対する成長効果が出ていない。そういう会社を多く見てきました。

　効果が出ない理由はいろいろと考えられます。一つには、あれもこれもと詰め込み過ぎているということがあるでしょう。

　「関連知識も大事だから」と、杓子定規な定義や、さまざまなフレームと解説などまで書き入れていくと、営業職の頭がパンクしてしまいます。もしも伝えたいのであれば、それは応用編として別の形にしたほうがいいでしょう。

　自社オリジナル教科書では、育成ターゲットにあわせて伝えたいことを絞って載せるようにしてください。

- あまりにぶ厚い営業マニュアルを作ってしまうと、読み切れなくなってしまう。
- ノウハウは絞って、自社に沿ったかたちで整理しておくことが大事。

読者限定プレゼント＜無料＞

営業人材育成のためのハウツーとして、本書の中では詳しくは触れていない補強ツールを、読者のかた限定で特別に用意させていただきました。
ぜひご活用ください。

1 ■育成を兼ねる＜営業会議の進行＞
営業会議を、ただの業務報告で終わらせるのか、もしくは、営業人材の育成の時間も兼ねて、売上upの実現をさせていくのか。
会議フォーマットと進行の仕方で大きく変わります！

2 ■モチベーションをUPさせる＜1on1ノウハウ＞
週に30分などの上司部下による1on1。実施の目的にもよりますが、本来、大切な時間なはずなのに、マンネリ化もしやすい。
効果的な1on1の組立の一例をお伝えします。

3 ■指導者の負担を減らす＜学び上手の作り方＞
本書では教え上手になるための指導者としてのノウハウをお伝えしてますが、指導される側に学び上手になってもらうことも大切。
新卒も中途も入社した最初の1カ月の学びレポートが重要。

以下の**URL**にアクセスして、パスワードを入れて下さい。
URL：**https://loophole.co.jp/limited**
パスワード：**loophole** （←半角の英字小文字）

営業力アップ部@部長じゅういち

こちらもあわせてご覧ください。経営者、マネージャー、営業リーダーが、見るだけで、売上upの為のノウハウが刷り込まれるYouTube！
https://www.youtube.com/@jyuichi_loopholejapan

7 同業他社との違いを確認する

●同業他社を確認する

　世の中には、自分たちと似たような商材を扱う会社があるものです。あるいは、まったく同じものを扱っている場合だってあるでしょう。こうした同業他社は、多くは商売上、競い合う関係性にある相手です。

　ただ、競い合うとは言いながらも、こうした相手の存在は案外、社内において暗黙の了解であって、組織内の明確な共通認識になっていないことがあります。

　ところが、競い合う相手は強く意識し戦略的な活動をしているかもしれません。自分たちが優位に立っていたとしても、気を抜くと、いつの間にか取って代わられる可能性もあります。

　何より顧客は自分たちと同業他社とをよく比べています。機能性や利便性、納期の融通面や価格面、営業の柔軟な対応力や人柄や会社のスタンスや信用度など。重視している点が多々あり、そこで少しでもコストパフォーマンスや品質、または感じのよいと思うほうを選ぶのは当然のことです。

　そこで、自分たちは同業他社に比べて何が勝っているか、劣っているものがあればどのようにカバーをする必要があるのかを把握し、顧客に対して自分たちが勝っているポイントは的確にアピールする必要があります。優秀な営業職やベテランはこのことをよく知っています。

　みなさんの会社にも、同業他社の商材のことまで詳しい営業職はいると思います。そしてきっと、その方の営業成績は上位なのではないでしょうか。

一方で、若手や中途入社したての営業職は、同業他社にまで意識が向き切れていないことも多いものです。

　自社や目の前の顧客のことだけで精一杯。ですが、顧客は自分たちのことだけを一途に見てくれているわけではありません。むしろ移り気だと言っていいくらいです。

　そのことを「暗黙の了解があると思って、今までは話してこなかった」という会社もわりとあります。経験豊富なベテランの営業職が知っている同業他社、また、場合によっては中途入社だからこそ知っている新手の同業他社などは皆で共通認識として持つようにします。

　「自分たちはラーメン屋だから、競合となる同業はラーメン屋だ」と言う人もいるかもしれません。ところが、顧客はその日のランチを、ラーメン屋からだけでなく、中華料理屋、もしくはうどんそば屋、ときには、牛丼屋やカレー屋など、たくさんの飲食店の中から選びます。

　見なければならない相手を間違っていたり、見落としていては、売上につながらないのも当然です。こうした話は、どんな業界にも転がっています。

　新築分譲住宅の競合は、新築の一戸建て住宅やマンション、はたまた中古物件、そして、別のエリアそのものも含まれるかもしれません。保険メーカーであれば、代理店や投資商材や独立系ファイナンシャルプランナーもかもしれません。営業の際に、どんな会社が競合として、どんな観点でバッティングするのか、きちんと会社全体の共通認識として押さえておきましょう。

●表に同業他社の情報を落とし込む

　そこで同業他社に関する情報を整理して、営業組織としての共通認識にするための具体的な作業が、図表3-2の書き込みです。

　まずは同業他社の社名、そして概要を書きます。概要には、この会社

の所在エリアや住所、営業体制の規模などを書きます。

　営業体制の規模とは、具体的には営業職の人数や手法のこと。老舗か新参者かなども記し、マーケットにどれだけ密着しているかなどがわかるようにしておきましょう。そして、この会社が持つ強みと弱み、自社がこの会社に対して勝っている強みを書きます。

　これらは、まずプロジェクトに入っているメンバーを中心に叩き台を作るといいでしょう。ベテランの営業職は、特に同業他社のことをよく知っているものです。きっとすぐに5社ほど、具体的な社名が挙がると思います。

　そして重要なのは、その後に営業会議などで一度、営業職および営業関係者の全員ですり合わせる場を持つこと。営業職それぞれの頭の中に

図表3-2　同業他社一覧

社名	概要（場所、規模、業態など）	この会社の強み	この会社の弱み	自社が持つこの会社に対する強み

は、それぞれの情報が入っていますから、叩き台を見ながら情報を出し合います。

「隣町で殿様営業してたＡ社は、最近どうですか？」
「営業が２人体制から５人体制になって、活動エリアを広げてますよね」
「私も、営業車が新しくなってたの見ましたよ」
「でもまだ、うちのエリアに対しては手薄ですよね」

　こうした情報を洗い出して、**言語化していく過程で**、営業組織皆の目線がそろっていきます。
　この会話からは、Ａ社の「殿様営業」という営業スタイルや、「５人体制」「エリアごとの活動の濃淡」などがわかりますから、それを表に書き入れると同時に、営業職の頭の中の情報も書き換えます。こうしてアップデートをするのです。
　同業他社の各項目の確認は、それほど時間のかかる作業ではないはずです。ただ、これによって自社の強みも改めて見つかりますし、営業へのヒントが現れますから、効果は大きいでしょう。

　また、業界全体の環境についても触れておきます。
　ただし仮に業界全体が下り坂にあったとしても、その中でどう営業していくのかについて考え、記しておく必要があります。業界の環境は、ときに売れない人の言い訳に使われる場合があります。「業界自体が、下火だから……」と嘆いているだけでは、売れるものも売れません。

　ここまでで、自分たちだけの個性的な営業ノウハウをまとめるための準備が整いました。一人として同じ人間はいないように、一つとして同じ会社はありません。次章からは、自社オリジナル教科書として形にまとめていきます。

 **ポイント**

- 同業他社をあまり意識していなくても、相手は意識している場合もあるだけでなく、顧客は自分たちと同業他社とをよく比べている。
- 若手や中途入社したての営業職は、同業他社にまで意識が向き切れていない。しかし、同業他社を見ておかなければ、売上にはつながらない。
- 同業他社についての情報を表にまとめると整理しやすい。
- プロジェクトに入っているメンバーを中心にたたき台を作り、その上で営業会議などで一度、すり合わせる場を持つことが重要。言語化していく過程で、営業組織のメンバーの目線が揃ってくる。

column

これまで見てきた売れる人と売れない人の差トップ7

　いろいろな人を見ていると業界や会社は違えど、売れる人と売れない人の差には、共通して出てくるものもあります。そのうち代表的な七つを紹介しましょう。

①営業計画力

　売れる人は「来月の数字が足りなそう」と気づいた瞬間にアポを取り始めます。「何件の電話をすれば、何件の商談につながって……」ということが頭に入っているからです。ところが売れない人は、計画から行動への落とし込みがイメージできていません。失敗が織り込めていないことから、結局は失注してから慌てるケースもよく見ます。成功率なども念頭に計画に落とし込むようにしましょう。

②会社紹介、自己紹介

　本編でも触れたとおり、驚くほどに差が出る部分です。特定の一人のトークを真似するのは大変ですので、3種類くらいの売れる人のお手本を用意して、自分流に話せるように練習してもらいましょう。

③顧客のニーズ理解度

　売れる人は顧客のニーズをよく理解しており、それを満たそうとします。顧客にはどのようなニーズがあり、その奥にどんなお困り事やその要因があるか。それらの背景も理解せずに商品の説明だけをしても顧客の心には響きません。

　また、顧客には職務上のメインミッション以外のニーズもあります。例えば「社内稟議にあげるために、添付資料がほしい」「複数案あると社内で検討の議論がしやすい」など。売れている人はこうした周辺のニーズも察して、顧客に提案しています。

④ストーリーの想定

　商談には山場があります。山場の顧客の反応から、提案のストーリーは変わります。そこで売れる人は複数のストーリーをあらかじめ想定しています。顧客が気持ちよく自分から話しているようでも、実はこちらで主導権を握っているというのが、売れる人です。

　一方で、売れない人は一つのストーリーしか考えていないことが多い印象です。たとえば断られることを想定しきれていないため、思わぬところで断られた瞬間に頭は真っ白。主導権を顧客に握られ、質問攻めに慌ててしまうことすらありえます。

⑤見方や立ち位置

　売れる人はとことん相手の立場になれます。「今、こんなことで困ってますよね？」と相手の目線で物事を考えます。逆に売れない人は、自分のことで手いっぱい。相手の立場になる余裕もなく、とにかく相手に売ろうということばかりを考えてしまう。これも大きな差になります。

⑥結論の受け止め方

　「断られてから営業だ」という言葉がありますが、売れる人は断れることに恐怖を感じていません。ある種の鈍感力のようなものを持っていることも多く、どんな結論でも受け止め、むしろそれを前提に話を進めます。

一方の売れない人は、断られることに恐怖を感じ、結論を聞くのを先延ばしにする傾向があります。

⑦リフレッシュ力

　売れる人は、つまずきや、はたから見ると落ち込みそうな物事が起きても、いつまでも引きずりません。すぐに「やってしまったものは仕方ない」と気持ちを切り替えて次に向けて動き出します。売れない人は逆に長く引きずってしまい、他の物事にも悪影響が広がってしまいます。精神論ではありますが、これは飛び込み営業やテレアポの場合、特に大きな差になります。

第 4 章

教科書の作り方③
教科書にまとめる

営業力の強化、その全てはゴールの設定から始まる。
組織として生み出したい人材育成のゴールを
はっきりさせること。
そうすれば、おのずと形にすべきことが見えてくる。

育成ゴールの設定が不可欠

　人を採用すれば、「すぐに戦力になってもらいたい」と思うのは会社としては当然のこと。そこで、新人研修を行い、会社のことや商品の知識などを教えるというのがよくあるパターンです。

　新卒社員なら社会人マナーなども含めて少し長めに1か月や3か月、あるいは1年は見習い扱いで営業の目標数字は持たせない、という会社もありますが、中途社員には1週間や1日というケースをよく見ます。

　ここで研修期間の長短について話をしたいわけではありません。

　ここでしっかりと考えたいのは、**同じ期間で同じ内容の研修を受けても成長には差が生じる**ということです。おそらく、多くの会社で起きていることではないでしょうか。

　つまり、早いタイミングで即戦力になる人もいれば、そうでない人も出てきます。営業としての成果を出せないと、本人としても仕事に面白味を感じられませんし、「会社の期待に応えられていない」と不安やプレッシャーで焦りを感じてしまいます。

　すると場合によっては、研修を終えたばかりでの離職にもつながります。「新人研修が終わって、現場に出てもらい、いろいろ教えているところなのに……」。会社として、上司として、これほど大きな痛手もないでしょう。

　しかし、**即戦力にならない人が出てくるのも、その結果として離職者が出てしまうのも、会社の育成体制に問題がある**ことも多いです。

　また、会社側は研修期間を試用期間とみなし、採用した人の能力を見定めようとしていたかもしれません。

ですが、実は研修期間は相手にとっても会社を見定める期間です。会社や上司としては、育成や指導をしているつもり、教えているつもりでも「何も教えてくれない」「こんな教え方をするような会社ではダメだ」「自分の成長が見込めないな」と思われれば、離職もやむなしです。

　研修後の差を極力、生じさせないために会社が取るべき対策は「一人前の定義」と「一人前になるための期日」を決めることです。これが結果的に、離職率を抑えることにもつながります。対象は、新人研修を受ける新卒や、中途入社者になりますが、人材育成の基盤となるこの二つが不明確な会社が多くあります。みなさんの会社では、何ができれば一人前であり、それを入社後、いつまでに達成してもらいたいと考えているでしょうか。

　これまでに集まった情報を基に、早く自社オリジナル教科書を作り出したいと思うかもしれませんが「一人前の定義」と「一人前になるための期日」を決めずにいては全てが成り立ちません。

　これはつまり、**育成のゴールと期日を明確に**するということです。これがないと、作った教科書の成果について、成功も失敗も判断できません。自社オリジナル教科書の背骨とも言うべきとても大事なところですから、しっかりと議論をしてください。

ポイント

- 同じ期間で同じ内容の研修を受けても成長には差が生じてしまうことの原因は、会社の育成体制にあることも多い。
- 会社がとるべき対策は、「一人前の定義」を含む、育成のゴールを設定することと、それらの「ゴールを達成させる期日」を定めることである。

2 現状と育成ゴールとのギャップを明確にする

　みなさんの会社での、育成ターゲットについて今一度、思い起こしてみてください。

　2章では、営業職をトップ・ミドル・ボトムと分け、どのような層に向けた人材育成を目指すのかについて考えてもらいました。

　自社オリジナル教科書では、主にはトップの属人化された営業ノウハウを棚卸しして、ミドル・ボトムへと共有します。ですから、トップも自身の営業ノウハウの言語化などによって気づきが得られ成長していきますが、**より効果が出るのはミドル・ボトム層**だと言えます。

　ではミドル・ボトム層のうち、どの層をどのくらいのレベルに育成するのか。まずはこの育成ゴールを設定します。

　または新しく入ってきた社員を育成するためのものを作るのであれば、どんなレベルを一人前と定義するのかという話をしました。

　いずれの場合も、育成ゴールを定めるレベルについては「状態」と「営業成果」という二つの考え方があります。

　状態とは、「何ができるのか」ということで、たとえば「一人で新規で営業先を開拓して、商談には先輩や上司にフォローを仰ぎつつも、主体的に動き、受注を獲得できる状態」などです。

　営業成果とは、定量的に測れるものです。

　たとえばボトムをミドルに引き上げるものだとして「月の売上が20万円の営業職が、半年後に50万円の売上を作れるようにする」などと具体的に決めます。あるいは受注率で見てもいいでしょう。物量なら「10社しか担当できていないところを、30社担当できるようにする」などとします。

新しく入った社員であれば、現在の状態はわかりませんので、売上なら「月間売上50万を売れるようになる」、担当顧客数であれば「対応難易度〈低ゾーン〉の顧客を10社担当できる」などと決めましょう。

　次に育成ゴールの期日を定めます。これも会社ごとの目標や業種特性などによっても異なります。

　本書の序章において、私のリクルート時代に作った「一人前パック」の期間が、飲食店相手の営業では3か月だったけれど、四季によってニーズの変わる旅館やホテル相手の営業では1年だったことを紹介しましたが、このように会社や業種ごとに商材の一サイクルを経験できる期間は異なっているはずです。また、そうではなく「とにかく早く戦力化させて、まずは数をあたらせたい」という営業戦略を基に決める場合もあるかもしれません。

　いずれにしても、まずは育成ゴールと期日を決めます。プロジェクトに参加している営業のメンバーと営業以外のメンバーの双方の視点から話し合います。**決めないことには基準が定まりません。**現実的でなかったり、もっと伸び代があると思えば、一度、決めたものを運用しながら、調整していくこともできます。一度決めて終わりではなく、PDCAを回して水準を定めていきます。

　育成ゴールが定まれば、そこの数値と現在の数値との差がわかります。営業職自身も、何を埋めていけばいいのかを自覚できます。

　ただし、一つだけ念頭に置いておきたいのは、ボトム中のボトムに関しては、結果が出ないケースがあるということ。これはボトム中のボトムの営業職が不燃性の場合があるからです。

　あいにく、営業職という職種そのもの、場合によっては自社には合わ

ない人材なのかもしれません。ボトム中のボトムに関しては、冷静な判断によって配置転換をすることが必要な場合もあります。また、ボトムだけに焦点を当てすぎると、多くを占めるミドルの層が退屈するものにもなりかねませんので、バランスはみてみてください。

ポイント

- 自社オリジナル教科書を作ることで、トップ層も気づきを得て成長していくが、より効果が出るのはミドル・ボトム層である。
- 「一人前の定義」は、どの層をどのくらいのレベルに育成するかで決まるが、レベルについては「状態」と「営業成果」に分けて考えることができる。
- 「状態」とは、「何ができるのか」ということで、「営業成果」は定量的に測ることができるもの。
- 「一人前になるための期日」は会社ごとの目標や業種特性によっても異なるが、まずは「一人前の定義」と「一人前になるための期日」を、プロジェクトに参加する営業メンバーと、営業以外のメンバー双方の視点を持ち寄りながら決めることが大事。その上で、現実的でなければ調整すればよい。
- 育成ゴールが定まれば、ゴールと現状との差がわかるので、そこを埋めるために何をしていけばよいかわかる。

売れている人と売れていない人の差分を教科書の目次に充てる

いよいよ自社オリジナル教科書に、売れている人と売れていない人の差分を書き込んでいきます。ここでは基本となる目次構成を紹介し、その一つずつを説明していきます。

目次は大きく3つに分かれます。基礎編と実践編とトレーニング編です。

基礎編は、その名のとおり、**自社の営業職が知っておくべき、理解して身につけておくべき基礎的なこと**を書き入れます。

実践編は、**実際の営業活動におけるノウハウ**をまとめます。

最後にトレーニング編として、**実践編で書き入れた営業ノウハウをしっかりと営業職が身につけるためのトレーニング**について書きます。

基礎編の各タイトルとトレーニング編は、基本的な型に当てはめるようにまとめます。なお、基礎編の中身と実践編そのものは、各社、各商材それぞれのものを記すため、内容は必要に応じてアレンジします。

また、実践編に書き入れるのは、売れている人と売れていない人の差が主になります。売れている人と売れていない人を見比べると、どちらか**片方だけがやっていること**があったり、**量や回数など**が明らかに違っていることなどがあるはずです。

見比べる際におすすめの方法は2つあります。

1つは**エクセルを使う方法**で、もう1つは**ワードを使う方法**です。これらはGoogleのスプレッドシートやドキュメントでも構いません。

エクセルを使う場合、列に営業プロセスを一つずつ書き入れます。そして、その下の行に、個人インタビューをした相手の名前と、営業プロ

図表4-1	自社オリジナル教科書の目次構成（営業編）

表紙	
目次	
【基礎編】	①営業の役割 ②マインド・スタンス ③知識（自社、業界、商材、顧客、同業他社）
【実践編】	④計画・準備 ⑤商談 ⑥振返り・顧客フォロー
【トレーニング編】	⑦練習の大切さ ⑧PDCA の回し方

セスそれぞれでやっていたことを書き入れます。上段に売れていない人、下段に売れている人などとするとよいでしょう。

　人によって埋まらないマスがあることがポイント。売れている人と売れていない人の差分が見やすくなります。表のため、一覧できますし、見落としを避けられます。

　次にワードの場合。録画や録音した個人インタビューの文字起こしを読みながら、マーカーでポイントとなりそうなところをチェックします。

　「営業スキル・テクニック」「研修の仕組みや情報共有」「採用課題」などの観点でそれぞれ色分けして、複数人でチェックしましょう。これも第三者的に営業ノウハウを棚卸しすることになります。

　ちなみに私の場合、個人インタビューのときから4色ボールペンで色分けしてA3用紙1枚を横向きで置いてメモをします。そして、後から文字起こしをしたものにマーカーをつけます。4色のうち、黒色は基本的なメモ、赤色は聞きながら重要と感じた内容、青色は自分の解釈、緑

色は「そのまま教科書に必ず入れるべき内容だ！」と捉えたものです。

その上で、整理した情報を、プロジェクト内メンバーで検証しあうこともあります。

こうして、売れている人と売れていない人の差を挙げて、後はパワーポイントでまとめていくのです。

全体としてはスライドでは30ページ前後になるでしょう。文章でたくさん説明するものではなく、図で営業プロセスを示したり、表にして同業他社を一覧化したりします。

なお、表紙には、この自社オリジナル教科書のタイトルを、目次には各項目をスライド1枚分にまとめていれば十分です。

【基礎編】①営業の役割

最初に、営業という仕事の役割を書きます。

常識的な話だと思うかもしれませんが、これまで見てきた多くの会社で、案外、言語化されていませんでした。

新しく入ってきた社員に「お客様が当社に何を求めているか、わかっていますよね」と言っても、人によって答えがバラバラなのです。この部分を含め、営業組織の統一の見解として言葉にすることは、話し合いの土壌を作るための第一歩です。

営業とは何をする仕事なのか。顧客に対して、自社の営業職に何をしてもらいたいか。社内に対しては何をしてもらいたいのか。自社にとっての営業のあり方を明確にしましょう。

以下に例を挙げてみます。

営業とは……
• 対顧客に対して、顧客の○○における課題を自社の商材を使って解決

することを通じて、売上目標を必達すること
- 対受注案件に対して、社内の関連部署と社外の協力会社と連携し案件の進捗をマネジメントして納品フォローまですること
- 対社内に対して、顧客のニーズを集め自社サービスの改善につなげること

　みなさんの会社の考え方や言葉づかいに合わせて、スライド1枚に収まるように書いてみてください。「営業の目的」「営業の成果」「対顧客」「対社内」などに分けて箇条書きにするとよいと思います。

　正解や不正解があるものではありませんが、あまり長い文章にしないほうが、社内の共通言語になりやすいです。マーケティング面、商品開発の側面、業務改善の側面、売上だけでなく利益の観点などを鑑みましょう。

【基礎編】②マインド・スタンス

　次に営業におけるマインド・スタンスを書きます。

　みなさんの会社が、営業目標についてどのように向き合っていくのか、**ターゲットとする顧客に対してどのように接するのか、自社の商材をど**のように扱うべきなのか、などの考え方をまとめます。

　基本は、企業理念や経営理念、ミッションビジョンなど、会社全体のポリシーを、営業職務に落し込んだものです。

　タイトルについては「営業マインドとスタンス」「営業ポリシー」「営業行動指針」など、自社に合うものを工夫してみてください。

　手前味噌ですが、たとえば本書での「自社オリジナル教科書とはマニュアルではありません。トレーニングツールです」というのは、マインド・スタンスの一つです。ここを間違って受け止められてしまうと効果が不十分になってしまいます。

このようにマインド・スタンスは、営業を通じて世の中や顧客に対してどのように価値を提供していくのかを認識してもらうために大事なポイントです。

図表4-2　営業におけるマインド・スタンスの例

営業数字の達成を大切にするメッセージの例	予算は目標でなく約束である
提供商材に絶対的な姿勢が大切な例	我々はプロフェッショナルである
プロフェッショナルをさらに落し込んだ例	プロの視点から根本的な問題解決の提案をする
顧客とのコミュニケーションを重視する例	お客様の気持ちの想像とコミュニケーションを大切にする
顧客へ接するときの姿勢を大切にする例	お客様のお気持ちに寄り添う
顧客との関係性を重視する例	お客様に、営業個人のファンになってもらうことは大事である
仕事をすすめる上で常にリフレッシュが必要な例	今日が昨日と同じとは限らない、毎回が新たなチャンス
お断りから営業がはじまるアプローチの例	強く否定されてもめげない
オーダーメイド商品や仕入れ商品を扱うときなどの例	スタッフ、社内関連部署との連携を大切にする

【基礎編】③知識（自社、業界、商材、顧客、同業他社）

　知識の項目には、知っておくべき自社、業界、商材、顧客、そして同業他社の情報をまとめましょう。

〈自社〉

　自社の情報としては、創業の背景、沿革とその節目の出来事について解説を記入します。節目とは、たとえば「支店の出店」「新製品の発売」「新事業の立ち上げ」「社名変更」「社長交代」などです。また、売上と利益の経年の推移を1枚の棒グラフで示すのも、新人には会社の歴史を把握してもらうためには有効です。

　私が自社オリジナル教科書作りをするときには、多くの場合、私自身が把握するためにもこれらをうかがいます。すると意外と節目の出来事などが会社の中でも共有されていなかったりするものです。

　社内の営業職の方の自社に対する知識が、私のような外部の人間とあまり変わらないというのでは、自社理解が乏しく、本来持てるはずの絶対的な自信も持ち合わせていないということになってしまいます。

　また、たとえば何代も続いているような会社だと、先代の活躍など、飲み会の中でしか語られないということがありますが、長いおつきあいの顧客はそれを大事に思っていることだってありえます。

　長く会社にいると、節目の出来事などを「常識だ」と思っているかもしれませんが、新卒や中途入社の社員にとっては見ること聞くこと、すべてが初めてであることが多いでしょう。

　一方で創業社長が現役の一代目の会社の場合でも、当たり前に伝えているつもりで伝えきれていなかったり、照れくさくて話していない情報やノウハウがあったりします。

　これらも、やはりきちんと教えてあげる必要があります。でないと、あるとき「こんなことすら知らずにやってきたのか」「だって教わってきませんでしたし」というすれ違いだって起こり得ます。みなさんが当たり前だとか、常識だと思っていることが、絶対とは限りません。

〈業界〉

　次に業界の情報としては、川上から川下までの業界構造の流れ、また、業界の遍歴やマーケット規模の推移、業界における商材の定義、関連法規などをまとめます。基礎編として、代表的なものだけで十分です。

　ただ、さすがにこれらを1枚のスライドにまとめるのは難しいと思いますので、各項目1枚として作るほうがいいでしょう。

　業界構造と合わせて代表的な仕入れ先や関係会社なども書き入れます。
　たとえば営業の現場では、仕入れ先を含めた見積書を作ることも多いでしょう。このとき、売れている営業職は共通して、顧客の要望を聞いたら、必要な数字をそろえるためにすぐさま仕入れ先に連絡を入れます。
　業界ごとに異なりますが、何か完成品を納めているような会社であれば、その材料の仕入れ先に電話をするという具合です。売れている営業職の頭の中には、業界構造と関係各社とそれぞれの担当者の顔がリスト化されていますから、すぐに動けます。

　ところが、まだ若手の場合、関係者がよくわかっていないために、まずは先輩に聞いてみようと思い、夕方まで先輩の帰社を待ってしまうということがあるのです。
　動き出しで半日の差がついて、仕入れ先が動くのが1日遅れて、休日を挟めばさらに後ろにずれるということがありえます。これでは顧客の心象が大違いであることはよくわかると思います。

〈商材〉

　自分たちの商材を知らなければ、営業のしようがありません。そのため商材の知識を十分に得るための情報を、ここに書きます。
　商材の情報は多岐にわたると思いますので、別添として、カタログや顧客への案内パンフレット、パワーポイント資料など、すでにある資料

と紐づけると新人にはわかりやすくなります。

　業界の中での商材のポジショニングなども、この機会に最新版に整理をしましょう。

〈顧客〉

　さらに、顧客の情報を載せます。これは基本的に2章「顧客を把握する」でまとめた内容をそのまま貼り付けます。

　加えるとすれば、代表的な顧客については固有名詞で書き入れておきます。さらにプロフィールだけでなく、取引の経緯もつけておくといいでしょう。「社長同士の付き合いから取引が始まった」「過去に二度の値上げを行った」など、節目の出来事も残しておくと、引き継ぎにも役立ちます。

　もちろん、顧客データベースがあればそのリンク先を記すなどして、新人が初回のアクセスをしやすいように工夫してみてください。

〈同業との差別化〉

　基礎編の最後には、同業他社との差別化のポイントを書きます。

　はじめに同業他社がいるのか、第3章「同業他社との違いを確認する」でまとめた内容を載せます。

　そして、自社の商材には競合する同業に対してどのような強みがあり、アピールできるのか。これも「わかっていますよね」では、わかりませんから、きちんと言語化しておくことが大事です。差別化のポイントに迷うことはないと思いますが、売れ筋の商品などを軸にあらためて確認します。

　また、売れている人への個人インタビューを見返して、ポイントに抜け漏れがないかもチェックします。売れている人が直感的につかんでいる差別化のポイントは実践に役立ちます。

そしてここでは、提供スピード、価格、品質や技術力、コミュニケーションといった項目に分けて同業との比較を載せるのもおすすめです。

　各項目に対して、自社・他社それぞれに◎○△×の4段階評価をつけて、補足説明も入れるといいでしょう。比較表の内容があらかじめ頭に入っていれば、商談先から「でも、○○（同業他社）さんのほうが安いし、いいですよね」などと言われたときに落ち着いて対応することができます。

　業種によっては「同業」という言葉を広くとらえて「顧客自身」という行も入れます。つまり「自社（自分）でやってみます。やろうと思えばできるし、そのほうがコストもかからないので」と言われてしまう場合を想定したものです。具体的には、何かの制度や仕組み作りや、機械の設置や修理などのケースがあるでしょう。

　これは自社の業界内におけるプロフェッショナル性を、残念ながら顧客にまだ感じてもらえていないときに起こります。そこで、こうした場合の対応を、事前にイメージできるように整理しておくのです。

図表4-3　同業との〈評価の比較〉例

	提供スピード	価格	品質や技術力	コミュニケーション
A社				
B社				
当社				

　自分たちの価値を感じてもらえれば、営業職自身も誇りを持って仕事に当たることができます。

【実践編】④計画・準備

　ここからは実践編になります。

　実践編は2章で図式化した営業プロセスでの項目を目次にします。ここでは基礎的なパターンとして「計画・準備」「商談」「振り返り・顧客フォロー」から、説明していきます。

　会社によって、分け方は異なりますし、後に触れるようにさらに細かに分けてもいいでしょう。特に商談は多くのノウハウがあるはずです。

　また、実践編ではいずれのノウハウも「よい例」「わるい例」「解説」の3点セットで載せることをおすすめします。特に、ここでは**真似してはいけないわるい例も載せておくことがポイント**です。

　多くのマニュアルは、やってもらいたい例しか載せませんが、対照的なわるい例もあることで、理解が進んだり、納得感、定着につながりやすくなります。

　では実際の目次に落とし込んでいきましょう。

　はじめに「計画・準備」についてです。第2章で示したとおり、計画・準備とは、営業計画、行動計画、商談計画、商談準備が含まれます。

〈営業計画〉

　まず、営業計画は、部や課で作られているものを大元にして、これを個人の計画に落し込みます。営業組織として、個人の営業計画の立て方のルールやガイドライン、フォーマットがすでにあれば紐づけます。

　営業の目標が年間単位であれば、年間目標を達成するために、営業職各自が四半期や月間の目標に落とし込みをします。もし年間目標しか置

いていない場合、少なくとも月間の目標にまで落し込んでおかないと、年度末になって慌てふためく羽目になってしまいます。区切りとなる中間目標を置くようにしましょう。

　また、目標を達成するためのKPI（重要業績評価指標）の達成状況や、商談から受注までの各プロセスにおけるコンバージョンついても実績から個人ごとに数値化します。商談なら商談数、受注なら受注件数として表して割合の計算式を入れられるはずです。

　売れている人は、この部分を言わば動物的な勘でやっていることもあります。たとえば、月間の受注のヨミ（見込み）が足りないと感じ取ると、即座に、新規のアポ取りをしますし、そもそも、見込みの確率からバッファーをとって余裕を持って活動しています。

　しかし、売れない人は、この勘が働かないため、いつまでも、モノにならない商談の結論を引っぱり、挙句の果てに月末にダメ結論で失注し、そこから慌てて、新たなヨミの発掘のために、アポ取りにいきます。ですが、アタックリストすら手元にない……。こうして、あたふたした状態で目標未達成の月末を迎えます。

　こうした状態に陥らせないように、売れている人が無意識に頭の中で計算している営業計画を数値やエクセルで表すのです。「どれだけの営業売上を何件で成立させ、そのためには、受注率の割合の実力から、自分は、何件の商談をする必要があり、さらには商談獲得のために、何件のアポ取りをする必要があるか」を明確に認識する必要があります。

　売れている人からすると当たり前なのですが、その当たり前を売れていない人も徹底しているのかというと、そうではないのです。

〈行動計画〉
　次に行動計画です。これはまさに営業計画の目標を達成するための行動の計画、アクション計画です。

　図表4-4はその一例です。わるい例では1日の中でさまざまな作業をしているために、何に時間をとられているのかがわからないままその日が終わり、そんな毎日が積み重なってしまいます。効率的ではありません。

　一方で、同じ作業を特定の日になるべくまとめて、かつ数値を入れることで、行動やアクションの目標が明確になりますし、作業にも集中できるというのがよい例の計画です。

　表は1週間の使い方を例にとっていますが、1か月を一つのサイクルとすることもよくあります。自社の営業サイクルに合わせて計画立ててみましょう。

　会社によっては行動計画にも、売れている人と売れていない人の差が

図表4-4　行動計画の一週間の例

わるい例

月	火	水	木	金
・電話営業（テレアポ） ・個別契約書作成 ・新規訪問 ・既存訪問	・電話営業（テレアポ） ・個別契約書作成 ・新規訪問 ・既存訪問	・電話営業（テレアポ） ・個別契約書作成 ・新規訪問 ・既存訪問	・電話営業（テレアポ） ・個別契約書作成 ・既存架電 ・会議資料作成	・電話営業（テレアポ） ・個別契約書作成 ・既存架電 ・新規訪問

よい例

月	火	水	木	金
・営業定例会 ・新規訪問3件 ＊月末は個別契約書作成	・新規訪問2件 ・継続商談2件 ・資料作成	・新規訪問の予備日 ・継続商談2件	・新規テレポ50件架電 ・継続商談2件 ・定例会の会議資料作成	・来週の新規訪問のリスト出しと資料準備 ・既存顧客架電

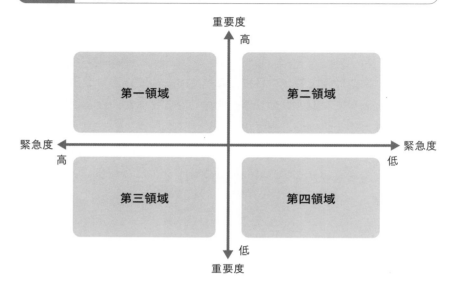

図表 4-5　時間管理のマトリックス

あるでしょう。『7つの習慣』（スティーブン・R・コヴィー）で提唱されている「時間管理のマトリックス」をご存じの方も多いでしょう。

　予定を緊急度と重要度の2軸で分けたときに、緊急度は低いけれど重要度の高いもの（第二領域）が行動計画の中に組み込まれているかどうかも、ぜひチェックしてみてください。

〈商談計画、商談準備〉

　商談計画、商談準備は、個別の会社ごと、案件ごとの計画と準備です。これも、営業部長や課長は日頃から「準備で8割の商談は決まる！」と指導しているかもしれません。

　しかしこうした指導だけでは動けないのが、若手や売れていない人たち。指導を具現化したものを文書にして、言語化することが大切です。また、仕組みやルールに落し込むのも一つの策です。

これを具体的な例として、説明しましょう。

商談計画であれば、商談ごとに「商談シート」というA4サイズの1枚フォーマットを作ります。商談シートには、商談のゴール、顧客の状況、商談で乗り越える壁や、想定される断り文句やネックと対応策、準備する資料、などの必要な項目を決めておきます。つまり「仕組み化する」ということです。

そして商談前々日の17時までに、重点顧客については必ず上司か先輩に確認をしてもらい、フィードバックを受ける。このとき同時に「5分ロープレ」として5分間のロールプレイングの相手になってもらうなど、これら一連の物事を決めておくのです。

売れている人は商談に複数のストーリーを持って臨むとお伝えしました。売れている人がそれを無意識に当たり前にやっているならば、売れていない人もフォーマットの中で、商談のGoodストーリー2種とBadストーリーと対応策を2種などを書いておけば複数のストーリーが思い描けます。

そのうえで商談に必要な準備物を洗い出し、項目を立てておき、誰でも同じ観点で用意し、確認できるように認識をそろえます。

【実践編】⑤商談

商談のステップの営業ノウハウは、どの会社もかなりボリュームをとる項目になります。

アイスブレイク、ヒアリング、課題設定、提案（プレゼンテーション）、クロージングなど、それぞれのステップに分けて、**営業トークの内容や行動をまとめます。ここで最も重要なのは抽象的な表現ではなく、典型的な例でかまわないのでいかに具体的なことを記すかということです。**

以下には、それぞれそれこそ典型的な例を挙げていきます。いずれの

ステップについても、売れる人は当たり前にやっているけれども売れていない人や若手ができていないものの中から、効果が出やすいと見込めるものに絞って記すようにします。

〈アイスブレイク〉

アイスブレイクやラポール形成と言われるステップについて具体的に記します。

たとえば、以下のようなものが挙げられます。

- 相手をお名前でお呼びする
- 共通の話題をまず振る（天気の話、訪問先の玄関の飾りつけの変化など）
- 前回のお話をフックに持ちだす

「お名前でお呼びする」など、当たり前すぎて「何を今さら？」と驚くほどかもしれません。しかし、自社の商談ではそれができていないと顧客への印象が大きく変わります。きちんと記して、説明も加えましょう。

この「アイスブレイク」や「ラポール」と言われるステップを「お客様のふところに入り込むんだよ」と抽象的に伝えてしまうと、現時点でできていない人や社会人経験の浅い若手たちは行動変容を起こせません。

〈ヒアリング〉

ヒアリングも、つい熱い口調で「お客様にもっと興味を持つんだよ」と熱烈指導をしてしまいがちです。しかし、できない人からすると、これでは抽象的すぎます。

何を、どのような順番で、どのように聞き取るのか、たとえば「現在のお困りごと、過去の経緯、未来のありたい姿」といった順番、「現在

の検討状況」や「他社からの提案はあるのか」といった確認事項、そしてその他の特筆事項も列挙します。

　法人営業であれば、ヒアリング事項を担当者・決裁者・関連部署と分けておいたり、その手順を書いたりします。個人営業でご夫婦へのヒアリングであれば「あまり話をしないほうの方へも10分に1回は投げかけをする」などの注意事項を書きましょう。

　また、有効な傾聴テクニックを記しておくのもよいでしょう。相槌、うなずき、復唱などの基本的なことでも、売れていない人ができていなければ「『なるほど』と相槌を打つ」などと具体的なセリフまで書きます。

　もし、関連してヒアリングシートを作る場合は簡易版と詳細版を作るのも手です。まず簡易版に挙げたヒアリング項目をきちんと聞き取り、シートを埋められるように、それができるようになったら詳細版の項目を埋められるように、と成長の段階をつくることをおすすめします。

　また、セールスフォースなどの営業支援システムを使っている場合は、顧客情報の入力項目をヒアリングすべき項目と連動させます。

〈課題設定〉

　顧客にとっての課題は何か、課題設定についてポイントを記します。

　ここでは顧客のタイプ別に整理して、それぞれのよくある課題を、その背景も含めて示しておくとよいと思います。

　「自社の顧客にはこんなタイプもいれば、あんなタイプもいる」と知っておくと、営業トークが使い分けられます。確かに個別のニーズは違うにせよ、それぞれのタイプが何を求めているのかという当たりがつきますから、相手の心を動かす会話がしやすくなります。

　たとえばゴルフクラブを買いに来たのが若い方なら「初めてかな」と

思って話しかけ、高齢者であれば「買い替えだろうか」と思って挨拶をしてみるように、相手によって抱いている課題は異なり、コミュニケーションは変わるはずです。

高齢者に考えもなしに「初めてですか」と声をかけ、実はベテランユーザーだったとしたら、相手は気を損ねてしまうかもしれません。

また一方で若いからと言って「初めてに違いない」と決めつけるのも考えものです。この部分は、とても難しいと感じるかもしれませんが、売れていない人と売れている人の差分に、どうぞ着目してください。

また、経験の浅い若手の営業職は、顧客のニーズを自分自身の経験や価値観から「私なら」としか想像できず、視野が狭くなっていることがあります。顧客のタイプ別の課題をいくつか知ることで「そういう人もいるのか」と視野を広げることに役立ちます。「私以外の私」がいるのだと知ってもらうのです。

商談が複数回にわたるような営業では、課題を明らかにするためのシートを作っておいて先輩社員から確認してもらう仕組みにするという場合もあるかもしれません。

〈提案〉

提案については、おおまかな流れに沿って、各項目を記しておきましょう。図表4-6には提案の際のポイントの例を挙げました。

たとえば、とあるオーダー品を取り扱っている営業（注文住宅やオーダーメイド商品）の場合、売れていない人は「何でもできます」「ご自由にお選びください」と投げかけてました。

相手が、もう何度もオーダーをしていて選択を迷わない方が相手ならそれでも問題ないのですが、初めて購入する相手の場合は顧客が選択をする際の難易度が高くなってしまいます。

図表4-6　提案のポイント例

話す内容と流れ	備考
ご挨拶の定番の文言	売れていない人は、意外とあやしいことがある
前回ヒアリングのまとめや与件、前提条件、宿題の確認	
顧客の意思のリマインド	
設定した課題の確認	
提案の結論	2案作るべきなら、2案用意することを基本ルールとする
提案の背景や裏付け	
購入時期によるメリット・デメリット	即導入することのメリットと先延ばしにすることのデメリットを伝える
テストクロージング	提案に対するテストクロージングをする。「どの点を評価いただけますか？」「検討されている他社とどの点が弊社はよかったですか？」など
競合との比較	比較評価図の説明
期待値の調整	
プロジェクト体制図の説明	自社の役割と相手の役割を、登場人物も含めて明記する
スケジュール	提示とすり合わせ
（聞かれてから）予算見積もりの提示とポイント説明	

　一方で、売れている人は違いました。ヒアリングの時点でしっかり、これまでの購入経験、オーダー経験を聞き、その後、必要な情報や顧客自身がありたい姿を引き出した後に、「では、〇〇さんにうかがったお話から、私のほうでおすすめをまず三つご提案いたしますね」と投げか

けていました。

　それも、グレードの異なる三つを用意し、三つの違いをわかりやすく、それぞれのメリットを結論づけて説明していたのです。

　こうした流れであれば、提案された相手は迷いすぎることもなく心地よく選ぶことができます。このように商材を「松竹梅」のグレードに分けて三つ提案しているという営業職もきっと多いでしょう。

　ちなみに「松竹梅」の提案の場合、真ん中の「竹」のグレードが選ばれることが多いというのは知られているとおりです。これはオーダーメイド商材に限らず、飲食店のランチメニューから、各種メーカー製造の器具販売に至るまで、さまざまなシーンで応用できる話だと思います。

〈クロージング〉

　クロージングでは、何よりも具体的なセリフにまで落とし込んで書くことが大切です。クロージングについては以下のような点にポイントがあることが多いと思います。クロージングに関しては、見つけたノウハウは余すことなく、一つひとつ書き入れましょう。

　以下に例を挙げてみます。

- オープンクエスチョンで相手に結論を委ねるのではなく、常に2択で問いかける
- 「購入の検討をお願いします」とはっきりと言う
- 不安点、不明点をすべて払拭する
- 相手が迷っているようならば、そもそもの「今回の検討の目的」や「享受したいメリット」「解決すべき課題」に立ち返る
- 今、決めること、即導入することのメリットと、先延ばしにすることのデメリットをおさらいする
- 背中を心地よく押す（売れている人が使っているセリフのバリエーションを書く）

- 結論の期日を決める
- 決裁の会議体の日時と参加者を聞く

【実践編】⑥振返り・顧客フォロー

　実践編の最後には、振返りや顧客フォローのノウハウを載せます。

　営業の実績を計画に対して、どのように照らし合わせて振り返っているのかを確認します。

　また、商談ごとに商談自体の自己評価をするクセづけをさせましょう。その際、行動と結果にわけてそれぞれを◎○△×の4段階評価と理由を明確にしてもらうのが有効です。

　また、売れている人は、顧客にリピーターになってもらったり、次の顧客の紹介につなげるためにどのようなことをしているのか。次の営業につなげるための工夫があるものです。

　報告を受けている管理職としては、ここにも差があるということは実感してもらえると思います。そのやり方を具体的に書いていきましょう。

【トレーニング編】⑦練習の大切さ

　第2章でも書きましたが、人は1日では変わりません。

　実践編で知ったことをいかに身につけていくか。売れていない人には、初めてのノウハウや口にするセリフも多いでしょうし、実践するためには練習が必要です。しかも1回の練習だけでなく、習慣的な練習によってノウハウやセリフを体にしみこませないと定着しないのです。

　トレーニング編では、この練習の大切さについて、まず言葉にしておきます。意外と「営業ノウハウやセリフを練習してほしい」というメッセージを発信していない会社は多いものです。

　ただし「練習が大切です」とだけ言われたところで実行には移さない

でしょう。目を通して「そのとおりだなあ（でも現実はそうはいかないんだよな…）」とまるで他人事のように思う営業職が多いのが現状です。何しろ、主な育成ターゲットは可燃性、難燃性ですから。

　ですからここには、練習のやり方を書いておきます。書くべきなのは「どのくらいの頻度（ペース）で、どんなやり方をするのか」ということです。

　たとえば頻度は「1週間に10分」などと数字で表した練習計画を載せます。

　やり方は、「営業トークを録画して見返し、よい点、改善点を文字にする」などです。私が多くの中小企業で取り入れるべきと考えるのはロールプレイング練習です。上司や先輩が顧客役になって、営業でのやり取りをシミュレーションします。挨拶や商品説明、クロージングなど、部分ごとに分けるのも手。一つひとつロールプレイング練習を重ねることをおすすめします。

　ロールプレイング練習は役を交代することも非常に重要で効果的です。営業職が顧客役をやってみることで「普段の自分はこう見えているんだな」「お客の立場になると、自分に期待されていることが容易にイメージできるな」という気づきにつながります。そうすることで自身がなすべきことや、とるべき態度が身をもってわかるのです。

　練習後は、振り返りシートを営業役、お客様役それぞれが記入します。その他に、2者のやりとりを見る観察役も同席できれば、観察役からの振り返りを第三者目線として記入します。フィードバックを共有することで、気づきを広げられます。

　そして、そこから解釈し、落し込みをして学びとして定着させるようにします。図表4-7はロールプレイング振り返りシートの例ですが、こ

図表4-7	ロールプレイング振り返りシートの例

商談設定：テーマ	初回アポ：
ロープレ実施日	
氏名	

営業役		（お客様の設定）
お客様役		
観察役		

フィードバック

よかった点 真似したい点	
改善したほうが よい点と改善策	
その他 メモ	

上記を受けて、今後 の改善のために取り 組む３つのこと	

れを元に3者共通のフォーマットを作ってもいいですし、「営業役」「お客様役」「観察役」の3者それぞれの役割に合わせてアレンジするのもよいでしょう。

　また、この自社オリジナル教科書は、トレーニングツールでありますので、練習の進捗についてチェックボックスをつけておくといいでしょう。

　私がリクルートで作った「一人前パック」なる自社教科書には、こうしたロールプレイングを一つ終えるごとにチェックする「ロープレマラ

ソン」がありました。

ロープレマラソンは、相手をしてもらった先輩からハンコをもらい「走り切りましょう」というもの。ちょっとしたゲーム感覚で、着実にこなしてもらっていました。

マラソンの42.195キロは非常に長い道のりであり、営業ノウハウの定着も同じ。長い道のりですから、1キロずつチェックポイントを設けていく。これによって、はるか先に見えたゴールでも着実に走り切れるようになっていきます。

【トレーニング編】⑧PDCAの回し方

長い道のりを着実に走り切るには、個の力だけに任せるのではなく、組織・チームの皆で力を合わせることも大事です。そこで部や課で、いかにPDCAを回していくか、その回し方をトレーニング編の最後に書き入れましょう。

私がこれまで見てきた多くの営業組織では、P（Plan：計画）、D（Do：実行）、C（Check：検証）、A（Action：改善）のうち、多くはPとDに力点が置かれ、CとAはないがしろにされがちでした。

PDCAについては第5章に詳しく説明しますが、「単なる業務報告会議はやめましょう」ということを【トレーニング編】に書き入れておきます。

みなさんの会社の営業会議は「先月はA社とB社とC社を訪問しました。A社は受注できました」「D社は○○万円、E社は○○万円……」と、実績をつらつらと並べ上げるだけの会議になっていないでしょうか。

リストや表にしたものを見ればわかることなら事前にエクセルなり、業務システムなりで共有すればいいだけです。本来重要なのは、「最初に決めた計画は達成されたのかどうか」「それはなぜ達成できたのか」

「またはなぜ達成できなかったのか」。よい例もわるい例も、そこからの学びを得てノウハウ化して次につなげることです。

　ときおり、「反省会」と称する営業会議を見るケースがあります。反省が不要とは言いません。ですが、反省だけで終わっていたら、おそらくその先にまた同じ反省をすることになります。

　「何をどう改善するか」こそがとても大切です。営業会議は「すみませんでした」という反省の弁を述べる場ではなく、ましてや売れない理由の言い訳だけを言う場ではありません。

　また、振り返りを受けた次の計画の検証は、どのタイミングで、どのように行うのか。そのときに営業職各自が報告・共有すべきことなどもここでまとめておきましょう。

ポイント

- 目次構成は、基礎編、実践編、トレーニング編の三つに大きく分かれる。
- 基礎編は、自社の営業職が知っておくべき、理解して身につけておくべき基礎的なことを書き入れる。実践編は、実際の営業活動におけるノウハウをまとめる。トレーニング編は、営業職がノウハウを身につけるためのトレーニングについて書く。

目次①基礎編
- 最初に、営業という仕事の役割を書く。「営業の目的」「営業の成果」「対顧客」「対社内」などに分けて箇条書きにするとよい。
- 次に、営業におけるマインド・スタンスを書く。営業目標についてどのように向き合っていくのか、ターゲットとする顧客に

対してどのように接するのか、自社の商材をどのように扱うべきなのか、などの考え方をまとめる。
- 知識の項目には、自社、業界、商材、顧客の情報をまとめる。
- 最後に、同業他社との差別化のポイントについて書く。また、売れている人への個人インタビューを見返して、ポイントに抜け漏れがないかもチェックする。

目次②実践編
- 第2章で図式化した営業プロセスでの項目を目次に落とし込む。
- 「よい例」「わるい例」「解説」の3点はいずれのノウハウにも載せるようにする。特に、真似してはいけないわるい例も載せておくことが重要。
- 商談のステップは、アイスブレイク、ヒアリング、課題設定、提案、クロージングについて具体的なことを記すようにする。
- 最後に、振り返りや顧客フォローのノウハウを載せる。

目次③トレーニング編
- 「練習が大切」とだけ言われても実行には移しにくいため、練習の頻度や、方法を書いておく。
- 特に、ロールプレイング練習を重ねることは継続しやすく、効果的。
- PDCAを回すことが重要だが、CとAはないがしろにされがちなので、「単なる業務報告会議はやめましょう」ということを書き入れておく。

動画教材への落とし込みも効果的

ここまでで自社オリジナル教科書が一通りまとまった状態です。

ただ、ここではパワーポイントや別添のエクセルなどでドキュメントでまとめることを前提としてきましたが、**営業ノウハウの中には動画にしたほうがわかりやすいものもあります。**

たとえば、話し方や身振り手振りは言葉だけでなく、動きを見せたほうが真似しやすいでしょう。

今はスマートフォンでお金をかけなくても簡単に撮影もできます。わざわざ外部の動画制作会社に依頼しなくてもいいですし、高機能な機材を買うことも必要ありません。

ロールプレイングの延長のように動いてみせて、スマートフォンで撮影。そのデータを社内の共有システムにアップロードなどして見られるようにしておけば、それで十分。お金も時間もかけずに、動画教材のできあがりです。

作るときのコツは二つあります。

一つは、**営業のシーンごとに細かく分けること。**ノウハウは一つひとつ丁寧に分けたほうが、きちんと身につきます。

もう一つは、**動画でもよい例とわるい例を撮影することです。**お手本といっしょにわるいものも見せることで、その差を明確に印象づけるようにしましょう。

この二つだけを押さえておけば、後は細部にはあまりこだわらず、撮影すればいいと思います。

テロップを入れるなど凝ったものを作ること自体は否定しません。ですが、余裕があるとき以外はまずは、簡素なものがいいと思います。

みなさんの目的は、綺麗な動画作りではなく人材育成です。営業職の成長支援という本来の目的に特化して、限られたリソースや工数を注いでいる、ということを忘れてはなりません。

- 自社オリジナル教科書には、動画があってもよい。
- 作るときのコツは、営業のシーンごとに細かく分けることと、よい例とわるい例を撮影すること。

　最後に、こうしてできあがった教材を**プロジェクトの関係者一同で校正**します。そこで使われている言葉が社内用語と統一されているか、言葉の解釈に誤解が生じないか、文章や図表に誤字や脱字などがないかなどをチェックしていきます。

　社内のみで活用するものですし、この後もPDCAを回しながら、何度も更新をしていくため、神経質なほどにチェックに時間をかけなくても大丈夫です。きちんと印刷や製本をするものでも、あまりデザインに気を配るものでもありません。

　「綺麗でなくてもいい」と言いたいわけではなく、繰り返しになりますが、優先すべき本来の目的は人材育成だからです。印刷やデザインにかける時間は短縮して、なるべく早く営業職に使ってもらったほうが成長や売上につながります。

　使われない教材ほど意味のないものはありません。使われることを意識しながらチェックをします。チェックが終われば、自社オリジナル教科書の完成です。

　営業職一人ひとりがすぐに見られる社内ネットワークなどに保存し、必要に応じて印刷して配布します。配布する際は、社外流出しないような管理の徹底と退職時の情報へのアクセス権限や配布資料にナンバリングを付与して必ず回収するなど、十分に留意してください。

 ポイント

- 営業職一人ひとりがすぐに見られる社内ネットワークなどに保存し、必要に応じて印刷して配布する。

指導の場で言ってはいけない三つのフレーズ

　指導の場では、指導者にとっての禁句がいくつかありますが、代表的な三つをお伝えします。

　一つ目は「お客様に興味を持て」。

　これはとてもよく出てくる言葉ですが、そもそも顧客に対して興味を持てなくて困っているのですから、これを言ったところで何も始まりません。言う時間がもったいないほどです。では、どうすれば良いのかと言えば、とにかくヒアリングの具体的なセリフそのものを教え、そしてそのヒアリング自体を動作として練習をしてもらうとよいでしょう。

　二つ目は「何度言ったらわかるんだよ」。

　この言葉が出ているということは、残念ながら指導者側のメッセージは何も伝わっていない状態です。大事なのは「わかったか・わかっていないか」ではなく「伝わっているか・伝わっていないか」。相手に伝わるように指導者側の伝え方を変えなければ、また同じことが何度も繰り返されてしまいます。

　三つ目は「（営業職に対して）あいつらダメなんだよ」。

　部下に対して直接言うのはもってのほかですが、その場にいないとしてもこれは禁句です。部下のことを「ダメだ」と決めつけては、もう何もできなくなってしまいます。たとえ決めつけではなく「期待はしているんだけど……」と本心とはズレた発言だったとしても、「ダメだ」と口にしてしまうと自らが「あいつらはダメなんだ」と思い込むようになってしまいますし、周りで聞いている関係者にはそれが刷り込まれてしまいます。そうではなく「私が何とかしてみせよう」と前向きな言葉に変えるようにしましょう。

第 5 章

教科書を使い、ノウハウを
定着させる

営業人材の育成のカギは、管理職やリーダーの
指導力と、PDCA の回し方にある。
それが、営業人材の心に火をつける。
これまでのやり方から脱却して、新しい組織風土を
作りにいく。

指導者に大切なポイント

ここまで人材育成のために、自社オリジナル教科書を作ってきました。本章からはそこに書かれた営業ノウハウを営業職に身につけてもらう段階。そこで必要なのが、トレーニングであることは随時触れてきました。

ただ、では「教材を使ってトレーニングしてください」と言っても可燃性、難燃性を含む営業職は何も変わらないでしょう。それでは丸投げのまま。「営業職に変わってほしい」という思いをかなえていくためには、指導者が大切にすべきポイントがあります。

本章で紹介していくポイントには、これまでに経験のないものがあるかもしれません。であれば、ここでポイントを知ることは、指導における引き出しが増えるということ。どうぞ引き出しを増やし、指導者として自分のものにしていただければと思います。

指導のポイントは、指導者であるみなさん自身にあります。

そもそもですが、実は教え方を知らない管理職は大勢います。世代によっては、自分が上司の背中を見て覚えてきたからこそ、それが教え方だと思っている場合もあります。

現在でも、背中を見せるだけで成長する自燃性の営業職もいるでしょう。けれども、それだけに頼る時代ではないことはすでにふれました。何もしなければ成長する営業職と、伸び悩む営業職の差は開くばかり。これを食い止めて、営業レベルの平均値を引き上げていきましょう。

指導者である管理職のみなさんが「俺は教えているのに、あいつはなんでできないのか」とイライラしなくてもよいように。一生懸命教えていることがストレスになるのではなく成果になるように。

もし「なんで、できないんだ」と言ってしまっている場合は、一度、言われ続けている部下の気持ちを考えてみましょう。

　たとえば学習塾の先生が、小学生の子どもたちに熱心に学習すべき内容を教えているとします。しかし、100点をとる子もいれば、10点しかとれない子もいます。

　そこで10点の子に「なんでできないんだ。○○君は100点を取ってるんだぞ。何回教えたらわかるんだ！」と叱り続けていたら、その子は頑張るでしょうか。萎縮したり卑屈になったりして、やる気をなくしかねません。

　まして「俺が小学生のときには遊びにも行かず、机に向かってたぞ」と続けようものなら、うんざりしてしまうはずです。

　聞くほうの小学生にとっては、それは単なる昔話であって、自分たちとは時代も環境も違います。また、その昔話は無意識に大げさに脚色されている可能性もあります。これは極端な例ですが、会社の中にも、この学習塾の先生のような指導者がいないとも限りません。これでは今どきではハラスメントにもなってしまいます。

　本章では、自社オリジナル教科書を使った営業ノウハウの定着の説明と同時に、指導者が知っておくべき「育成や指導の仕方」についても説明していきます。

　人を育てるための考え方や、やり方について学び、営業職だけでなく指導者もともに成長することで、会社は今までにないほど成長していくことでしょう。

●指示（指導）と育成の違いを理解する

　「うちの社員は指示待ち族が多くて困る」と嘆く社長や管理職がいます。

　「言わなければ何も考えない、何も動かない」「もっと自発的に行動し

てほしい」という悩みです。

　ただ、私が現場を見てみると、**社員が指示を待つのも仕方ないと感じ
るケースが多々あります。**と言うのも、驚くことにこの状況になってい
る現場は、管理職や、ときには社長自らがいつも指示を出しているので
す。

　社長や上司からいつもいつも指示が上から降ってくる状態が日常的に
続いていると、部下は「指示を待ったほうが早い」と考えるようになっ
てしまいます。さらにたまに部下が考えたことに対して「いや、それは
違う。こうしろ」と返すと、それが小さなことだったとしても、ますま
すその状態は加速します。

　また、指導にしても、「指導だけ」「ティーチングだけ」で「コーチン
グ」がまったくなければ、指示出しと似たような結果となることは否め
ません。

　指示や指導は、育成とは違うものとして捉えて、使い分けが必要です。
　育成は「期間が必要」なもので、その秘訣は「考えさせること」。

　まだ何の社会人経験もないまっさらな状態に対して、ルールやマナー
である絶対解があるものは、指示（指導）して教えることは必要です。
しかし、場に応じて判断しながら行動していく、営業の行為そのものは、
教科書をベースに、自分の頭で考えて、ゆくゆくは自分で完結できるよ
うになってもらう必要があるのです。

　そのため、たとえばトークスクリプトも作り込みすぎると、枝葉のこ
とばかりが増えてボリュームが大きくなります。

　枝葉のことまで書いていますから、読み込む営業職もそれを完璧にコ
ピーしようとしますし、しかも書いていないことが起これば固まってし
まいます。加えて、細かなことばかり書いているトークスクリプトは更
新もしづらくなります。

これまで教科書作りの中でさんざん「具体的に」と言ってきたため、矛盾を感じる方もいるかもしれません。

確かに教科書では「売れている人と売れていない人の差分に着目して、抽象的ではなく具体化する」ことが大事です。とは言え、具体化のすべてのケースが書き切れるわけではありません。

重要なポイントを洗い出すために各項目を丁寧に示してきましたが、実際にみなさんが作るものは、あくまで基礎編、もしくは営業のスタンダードとなる基盤です。すべての段取りを詳細に指示するわけではありません。

●ティーチングとコーチングの使い分け

指導者が大切にしておきたいポイントとして、「ティーチング」と「コーチング」についても理解を深めておきましょう。

「ティーチング」を簡単に言うのならば、知らない状態の人にものごとを教えること。たとえば「A＝Aですよ」または「1＋1＝2ですよ」のような誰にとっても一つしかない答えやこの答えの解き方を教えるものです。

対して「コーチング」とは、相手から答えを引き出すもの。「Bとは何だと思いますか？」「そうですね。そういう解釈もありますね」というように、相手に考える力を養ってほしいレベルに必要なものです。

この前提を踏まえて、育成のためのコミュニケーションを単純化すると次の六つのステップになります。

①（指導者）質問する
②（相手）考えて、答える
③（指導者）答えを承認し、必要な示唆があればまた質問する、または必要なことを理由をそえて伝える
④（相手）考えたり受け取ってもらう

⑤（指導者）何が伝わったかを確認する
⑥（相手）答える

　「指示」とは、③のステップだけ、しかも「必要なことを伝える」だけです。その前後がないので、人を育成するためのコミュニケーションとしては不十分です。③だけではティーチングのみ。①②③④があってコーチングが成り立ちます。

　また⑤のステップとしてよく見かけることとして「わかりましたか？」がありますが、「わかりましたか？」と聞かれると、人はどうしても「はい（わかりました）」と答えてしまいがち。部下も同じです。

　しかも、部下の言う「はい」の意味は一つではありません。理解したという返事の「はい」もありますが、一部しかわかっていない、または、わかっていないけれどわかったふりをする「はい」もあります。

　「わかりましたか？」
　「はい（……本当はわかっていないけれど）」

という部下に対して、言葉の表面だけを受け取っていたら、何も改善されません。また、わかったかわかっていないかもわからずに条件反射的に口をついて出る「はい」も思いのほか多いものです。

　相手に考えさせることなしに、育成はできません。「ではどうすればよいのか？」を考えさせたうえで、教えて、「何が伝わったかを聞かせてもらえますか？」と確認します。そこでようやく「○○をすればいいと思いました」と相手の中に伝わったことが、こちらにもわかります。

　また、多くの指導では管理職ばかりが話してしまいますが、このように部下にも話してもらうことが大事です。会話の配分の目安としては5：5くらいがいいでしょう。上司の割合が大きければ大きいほど、お説教になってしまいます。毎回がお説教では、部下の耳はふさがって、

大事なメッセージが届きません。

　ここで、みなさんの中には「なんて面倒なんだ」と思う方が少なからずいるかもしれません。

　その通り。**人を育成する**というのは**手間のかかる**ものです。

　みなさんも、最初から今ある力が身についていたわけではないはずです。長い時間をかけて、いろんな人のおかげで、成長した方がほとんどだと思います。

　部下も、みなさんが成長してきたのと同じように、今はまだ成長の過程です。成長すれば、営業組織全体に余裕も生まれますし、みなさん自身も本来やりたかったことに手間や時間をかけられるようになります。

　ポイント

- 指導の仕方を知らない管理職も多い。「俺は教えているのに、あいつは何でできないのか」という態度で接していると、今どきはハラスメントになってしまうこともある。
- 管理職や社長自らがいつも指示を出していたり、部下が考えたことに対して否定したりすると、指示待ちのタイプが増えてしまう。
- 育成は期間が必要で、考えさせることが大事。
- 部下が「はい」と答えたとき、わかっていないけどわかったふりをしていることもある。
- 毎回お説教になってしまうと、部下は聞く耳を持たなくなる。

2 PDCA の考え方

●C（評価・検証）の重要性

　トレーニングの基本となる考え方が「PDCA」です。急がば回れ、もとい「急がばPDCAを回しましょう」ということです。

　「何を今さら。PDCAなんて、わかってるよ」と思うでしょうか。ただ、そう思っている会社が意外とPDCAが回せていないという実態を、私は何度も見てきました。

　どういうことかと言えば、P（Plan：計画）やD（Do：実行）には時間をとっているのですが、C（Check：検証）、A（Action：改善）がすっかり抜けてしまっているという状態です。

　私がトレーニングに関わる場合は「3か月PDCAトレーニング」と言って、3か月を一くくりにします。人が変わっていくためには、だい

図表 5-1　よくあるPDCAの流れ

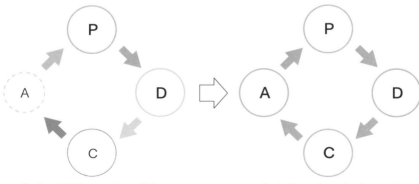

「C」が機能しておらず次の「A」につながらない。

「C」「A」をつなげることでPDCA が回る。

たい3か月は必要だというのは、私のこれまでの経験からくる見立てです。

　ここでPDCAの各ステップを確認していきましょう。

　3か月という期間全体のPDCAがあり、その中にはいくつもの現場レベルの細かなPDCAがあります。**PDCAへの理解や実践が甘いと、トレーニングの過程でつまずきます。**

　たとえば、私はプライベートで料理をします。何でもそうなのですが、料理もまた、人材育成と同じようにPDCAだと思っています。

　どういうことかと言えば、カレーの専門的なレシピ本を見て、インドはおろかネパールやスリランカなど各地のご当地のレシピを試してみるのですが、そのレシピどおりだと日本人の我が家の舌には味やルーの濃さなどが合わないことがあります。

　そこで私は、作って食べては、味の調整など次回の注意点をレシピ本に付箋を貼って書き残すようにしていました。そして、次に作るときにはその付箋を見る。これを繰り返しました。今は週の半分は娘のお弁当を作るのですが、そこでもPDCAを回して、作成時間の短縮を図りながらも、クオリティ向上につとめています。

　試行錯誤の結果を次に活かしていくことは、成長の近道だと私は考えます。リクルートではこのことを徹底的に鍛えられてきました。

　そこで、育成の現場でもPDCAを回してもらいます。**ポイントはC（評価・検証）**です。実行（D）の結果を評価して検証（C）しますが、どう評価・検証していくか、曖昧な会社も多いのです。

　その原因は、そもそもP（計画）の段階で目標を決めても、ときに目標自体が不明確なものであること。

　多くはその目標へ向かうための具体的なアクションプランを決められていないことによります。具体的でないため、できたかどうかの評価が

できず、検証もできず、そして、評価・検証の場が業務の報告会議になってしまうのです。

　では、どのように具体的にすべきかということになりますが、みなさんは自社オリジナル教科書を作る過程で、すでにここに踏み込んでいます。というのも、みなさんが決めた「一人前の定義と育成期日」がPそのものであり、Cの前提や土台になるからです。

　そこでは、売上や物量など測れるもので、自社の一人前を定義してもらいました。つまり、計画の段階で、測れる目標を立ててもらうことになっており、評価・検証では、それを上回ったか下回ったかという確認ができます。

　これによって、「なぜそのような結果になったのか」「どのように改善できるか」という対策を考えられるようになるのです。

●報告の受け方

　では、人材育成の場合の評価・検証にはどのようなやり方があるのか。

　ここでも、育成対象者に考えてもらうことが大事です。まず導入は「今月の営業活動の自己評価はどうですか？」などの**自己評価**です。

　答え方は「100点中何点か」でもいいですし、「◎・○・△・×」や信号の色になぞらえて「青・黄・赤」で答えてもらってもいいでしょう。「70点です」「○です」「黄色です」などと、まず自己評価をしてもらいます。たくさんの案件の進捗報告では、信号の色などのほうが、重点的に聞くべきものがわかりやすいかもしれません。

　もしかしたら管理職としては「今月は怠けて見えたし、結果の数字も出てない……。もちろん本人も『×』だと捉えてるよな」と予想していたところに、部下が「◎でした」と答えてくるかもしれません。

しかし、間違ってもそこで「えっ？　オマエ、マジかよ」などと反応しないようにします。否定的・批判的な反応を見た部下は、そこで身構えて本当の気持ちを話してくれなくなります。いったん受け止めて「なるほど」と相槌を打つか「◎なんだね」と、ただその言葉を繰り返しましょう。

逆に、管理職が「80点」と思っているところに「30点」と低い数字が出てきても「そんなにひどくなかったよ」というフォローの言葉も出さないようにします。

ここでは何点かどうかは問題ではありません。「自分のことをどのように把握しているか」を確認することが大事なのです。

「60点なんだね。何が60点だった？」
「今月の売上目標は達成できましたので」
「なるほど。確かに達成したね。その点は素晴らしいとボクも思う。
では一方で不足している40点は何だったのかな？」
「お客様に提案する資料の出来がいまいちでした」
「なるほど」

不足している部分について「資料の出来よりも、時間にルーズなのが根本的な問題なのに」と思ったとしても、「なるほど」と答えます。「言うとおりだね。そこも大事だね」と承認します。

たとえば、家でのお皿洗いを想像してみてください。いつもお皿を洗わない夫がその日1枚だけ洗ったとします。そこで妻が「あなたはいつも何もしない。お皿も洗わない！」と言うと、夫は「俺、洗ったよ！（1枚だけだけど…）」と返す。妻としては「たかが1枚じゃない！」と思うのも当然ですが、それを言うと夫は「洗ったのに」と思うわけです。

この夫が何を言われたいかと言えば「お皿洗ってくれたのね。ありが

とう」ということ。そのため、もっと洗ってもらいたいと思っている妻は、いろいろと飲み込みながら、まずはその夫の行為を承認してみる。

「お皿洗ってくれたのね」
「そうなんだよ、洗ったんだよ」

そこで、すかさず「今度はこれも洗ってもらえると嬉しいな」と伝える。自己評価と他者評価には差があります。「全然やっていない」とこちらが思っていても、相手は「やっている」と思っているかもしれません。そこで、伝えたいことを伝える前に、まずは承認しましょう。

話を元に戻すと、次はどう改善していくかを聞きます。そうして出てきた答えに対して、また承認をする。すると、相手はようやく聞く耳を持ってくれます。ここでまた、管理職から聞きます。

「さらによくするための方法があるんだけれど、わかりますか？」

すぐに答えが出てこないときもありますが、それでも考えてもらいます。出てきた答えが違っても、こちらから答えは出しません。あくまでヒントを出す程度に留めます。「お客様が○○と言ったんだよね。私がお客様の立場なら○○が気になるけれど、どうですか」。

一方ここでは、指摘したいことが仮に10個あっても、論点を1〜3個程度に絞って伝えることもポイントです。これを繰り返していくうちに、指示を待たなくても自分で考えられる部下に変わっていきます。
私がリクルート時代にお世話になった売れる営業の先輩がそのまた先輩から指導を受けていたときには、「お客さんは、そのとき何て言ってたの？」とよく聞かれていたそうです。指導での口癖だったようで、そ

れを聞いている部下たちにも思考のクセとして頭に残り、自発的に考えられるようになったといいます。

　当然のようにその先輩も力をつけ、抜群に売れる営業職として活躍されていたということです。

　このように、まず自己評価をうながす質問をして、そこから自分自身で考えさせるようにして、自ら改善策を見つけてもらうことが、報告や相談を受ける際の基本的なやり方になります。

　ですが育成する立場の管理職も、意外と初めは自己評価を聞いたり、ただ相手の言葉を繰り返したりすることができないものです。

　そこで、管理職もロールプレイング練習をしてみるといいと思います。相手だけを変えさせようとするのではなく、「自分も変わる」という気持ちで人材育成に向き合っていきましょう。

ポイント

● PDCAはトレーニングの基本だが、大体「C」が機能せずに「A」につながらない。
●「一人前の定義と育成期日」がPそのものであり、Cの前提や土台になるので、まずは自己評価で振り返ってもらう。その際は基準に達していなかったと思っても、まずは承認し、論点を1〜3個程度に絞って伝える。

3 か月 PDCA トレーニングを進める

　人材育成やPDCAへの理解を深めていただいたところで、ここからは3か月PDCAトレーニングの全体観や、要所での育成ポイントについて説明していきましょう。3か月の大きな流れは図表5-2のとおりです。

●トレーニング初日にやるべきこと

　初日には経営陣から3か月PDCAトレーニングをスタートさせるに当たり、**営業職を鼓舞するようなメッセージを発信**します。

　会社として成長を期待しているのだと実感することで、気を引き締めてもらうためです。

　続いて**自社オリジナル教科書を使ってひととおりインプットと考えるワーク形式の研修**をします。そこから最初の1か月は行動を変えてもらうことを意識させ、1か月後に中間振り返り会を行います。

　そして2か月目には、1か月目で取り組んだ行動や結果を評価・検証した状態から学びを積み重ねていきます。

　3か月目はそれらの変化を大きなうねりとして現実的な成果に結びつけてもらい、最終日には**全体の振り返りとしての成長発表会を行う**とい

図表5-2　3か月PDCAのイメージ

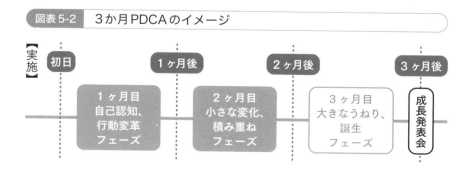

う流れです。あらかじめ期間を区切ることで計画的な実践をうながします。

①現在地を把握してもらう

　では、トレーニング初日について、もう少し具体的に見てみましょう。

　トレーニングを本格化させるには、営業職には「今、自分はどのくらいの結果を出しているのか」という**自身の状況を数値的に把握**してもらう必要があります。

　自社オリジナル教科書を作る過程で考えてもらった育成ゴールについて伝え、その指標上どの位置にいるのか、現在地を把握してもらいましょう。

　結果の観点では売上や物量が指標になり、スキル面では各プロセスで必要となる、ヒアリングスキルやプレゼンテーション、クロージングのスキルレベルになります。

　スキル面は、普段数値化することないと思いますが、各スキルを100点満点形式でも、◎○△×4段階形式でも構いませんので、自分自身で現在値をどう捉えているかを話してもらいます。外部の研修会社や調査会社が提供している営業力診断などを活用するのも一つの手です。

　続けて会社や上司から対象者の現在値をどう把握しているかを伝えましょう。そこにギャップがあれば、ギャップを認識してもらいます。

　会社としては「できていない」と思っていた営業職が、自己認識では「できている」と思っていることも少なくありません。そこでイラっとする必要はなく、ギャップがある部分は双方の認識のすり合わせをします。これにより、期待値のレベルや、スキルの範囲などのズレが明確になり、認識の修正ができます。

②成長目標を設定させる

　現在地を把握してもらったら、そこからの成長目標を設定してもらいましょう。これもまずは本人に原案を考えてもらいます。**モチベーションをしっかり持ってもらう意味でも、原案を考えてもらうことは大切です。**

　自社オリジナル教科書でノウハウを確認してもらったうえで、「3か月で何をどこまで達成するのか」「その達成のために何を改善したりバージョンアップしていくのか」をまずは自分の頭で考えてもらいます。

　もしかしたら、会社側からすればとても低い目標が設定されるかもしれません。営業組織としては達成されるべき営業計画がありますので、あまりにも計画とかけ離れた目標を言われた場合には、営業計画を伝えて、もう一度考えてもらってもいいと思います。

　「営業部としては今期に○○を達成するという計画だけれど、あなたの目標に到達できれば、それは達成されると思いますか」

などと投げかけてみましょう。具体的な数字で話してみると気づきやすくなります。ただし、これでも腹落ちできないとなれば、営業計画の大元となる事業計画や、会社の経営計画にさかのぼって説明する必要があるかもしれません。

　また、成長目標は「月商100万円を300万円に」といった大枠の金額以外にも、より具体的に「A社からの受注額を昨年比2倍に」と攻略対象の名前が挙がるようにしましょう。

　一方、事業計画の中で、将来の業績拡大や獲得したい業界ポジションのために開拓したい先がある場合もあります。

この場合の営業目標は「その顧客を相手に、自分は営業職として何を達成したいのか」という、「ありたい姿」を言葉にしてもらいます。そして現状はどうなのか、ありたい姿に到達するために何をするのか。その顧客に提案し、受注するためのストーリーを考えてもらいましょう。

　そこで行動計画などを見たときに、もし「これでは達成されそうにないだろう」と思ったら、そのように質問してみます。
　今まで上手に攻略できていない先ですから、本来はこれまでと同じことの繰り返しでは達成されないはずです。「今までより、もっと頑張ります！」といった精神論のような目標はもってのほか。何を変えていくのか、具体的な行動計画を確認しましょう。

　実現が難しいと思えば「この計画を立てた理由を教えてもらっていいですか」と質問していきましょう。「これはこうしたほうがいい」と指示していたら、いつまで経っても考えることができないまま。その瞬間は時間がかかっても、まず問いかけて考えてもらいます。

　多くの会社は営業職の立てた行動計画を自身が口頭で話す機会をとっていないでしょう。言葉にしていく過程で気づくことは多く、意外とそれだけで本人の中で整理されることがあります。
　そして、最終的には上司視点もフィードバックをして、頑張ってもらえるようなちょっと上の目標や取り組みを確定させます。

　あわせて、強化すべきスキルのトレーニング方法についても期日と合わせて文字に落とし込んでもらいます。「月の売上を100万円アップさせる。そのためにトークスキルを磨く」では不十分で、ここでも具体化は必要です。「何をどうやって？」を繰り返し、掘り下げます。
　ロールプレイング練習、営業トークの作り込み、商品知識の勉強方法

など具体的なやり方を決めます。たとえば、次のようなイメージです。

「トークスキルを磨くために、毎週金曜日に10分間、1人ロールプレイングをする」

このように具体化することで、ようやく実行に移される下地ができます。

③成長への決意を書かせる

さて、①②を終え、トレーニング初日の最後に、本人達に言葉にしてほしいことがあります。それは「自分の成長テーマの決意を伴った言語化」です。

言語化してもらうために、

「あなたは今回、何を一番、頑張りたいですか？」
「どの部分を一番、鍛えますか？」
「どんな営業職になりたいですか？」

などと問いかけるとよいでしょう。

なお、この決意表明だけは、抽象的な言葉でも構いません。何よりも、本人達自身の「自分の言葉」であることが大切です。

「●●チームで一番のヒアリング力と結果をうみ出す！」
「深く考える提案！」
「クロージングで切り込む！」などなど。

そして、この決意表明をより鮮明に定着させるために、文字で書いたものを、皆の前で宣言してもらいましょう。

「そこまで？」と思うかもしれませんが、これは決意を本人の意識に焼き付けるための、いわば演出。ちょっと特別なことであれば、やり方は何でも構いません。

　私のおすすめは、スケッチブックに筆ペンで書いてもらい、そのスケッチブックを本人が持って、写真撮影をすること。大人になってくると、きちんと手書きをする機会も減りますし、筆ペンも滅多に使いませんから、特別感と相まって記憶に残りやすくなります。
　「決意した」ことを印象づけると、本人は「自分で決めたことだから、やりきろう」と考えるようになります。また、皆の前で宣言させることで「もう後には引けないな」という気持ちにさせる狙いもあります。

●「やってみせる同行」と「やらせて、見る同行」

　①〜③で、営業職に成長目標を設定してもらい、達成するためのトレーニングの仕方も言葉にしてもらいました。PDCAのP（計画）ができあがった状態です。
　ところが、トレーニングを重ねても成果につながらない場合もあります。本人が成果を実感できなければ、トレーニングに意義も感じてもらえず離脱していきます。
　そこで、育成する立場の管理職としては続くD（実行）の過程で適切な示唆を出していく必要があります。

　有効な方法が「背面同行」というものです。営業ノウハウを知る際にも営業同行は有効ですが、トレーニングの際にも営業同行は効果を発揮します。
　現場では顧客から思いもよらない対応を求められることもあり、練習だけでは限界もあります。本人の主観では気づけないこともありますし、主観からの報告ではこちらからアドバイスしようにも見誤る可能性もあ

ります。

　そこで営業の現場そのものを一緒に、かつ客観的に見ることができて、事実をもとにした振り返りが可能になるのが背面同行です。

　では背面同行についても説明しましょう。ここで、営業同行を次の4種類で定義すると、以下のようになります。

①やってみせる同行……営業のお手本として、営業現場のやり方を見せる上司同行

②やらせて、見る同行（背面同行）……部下の実際の営業のやり方を見るための上司同行

③クレーム対応同行……顧客からのクレームに対するお詫びなどのための上司同行

④関係構築同行……組織の責任者レベルの関係性を構築するための上司同行

　このうち、育成のための同行は主に①と②を指します。

　ただし多くの会社が①の「やってみせる同行」だけで終わっています。しかも、人材育成という点ではちょっと不十分な例が多く見受けられます。

　一緒に行って、顧客先へ入る直前に「ここの社長は結構、気分屋だからね」とだけ伝え、顧客先を出てから「どう、こんな感じ。わかった？」。何が不十分かといえば、これだけだとよほどの解釈力がなければ、今の商談なり、面談なりの何がポイントだったのか？　という点について、わかりようがありません。ましてや育成対象者が若手であればなおのことです。

　あげく「次行くよ。今わからなくても、数見るうちにわかるから」。残念ながらこれでは、指導や育成をしているつもりでも実際は指導も育

成もできていません。

　また、育成と顧客の引き継ぎが一緒くたにされていることも少なくありません。みなさんも、上司から「私の担当している顧客のうち4分の1を渡すから、ついてきてね」と言われ、上司と勝手知ったる顧客との会話をただ眺めていたという若手時代の経験はないでしょうか。

　では、どうするべきか。まず、顧客と会う前に「**訪問や面談する目的とゴール**」を伝えます。すると部下は上司のやり方のどこを意識して見るべきかがわかります。そして訪問直後に振り返りをします。「今の訪問では何がポイントだと思った？」と考えさせる。合っていれば「そうだね」と言いますし、合っていなくても構いません。

「確かにそこも大事だね。他にも大事だったポイントがあったんだよ」
「どこですか？」
「あそこで私が○○と言って、お客様が○○と返してきたよね。あの質問で、お客様の意向を確認していたんだよ」
「そこがポイントなんですね！」

　この一連が、「やってみせる同行」における育成です。

　続いて②の「やらせて、見る同行（背面同行）」について説明しましょう。
　「やってみせる同行」はどちらかと言えば、上司の営業の場に営業職を連れていくというものでしたが、背面同行は営業職の営業の場に上司がついていきます。同行して、上司は何も言わずに営業職のやっていることを観察し、顧客先を出てから重要な示唆を出したり、必要に応じた指導をしたりするというやり方です。

　背面同行は、営業職が現場でどのような状態でいるか、顧客から発せられるメッセージに対してどのような解釈をしているのかがわかりますし、事実からのフィードバックが可能となるため、おすすめの方法です。

　背面同行ではまず、営業職に訪問する目的とゴールを話してもらいます。また、なぜ上司が一緒に来たのか、クライアントを不安にさせないように、「本日は上司の○○も日ごろのご挨拶を申したいとのことで一緒に参りました」などと挨拶の仕方もすり合わせておきます。

　そして営業の場では、上司はごく簡単に数分の挨拶を終えたら、後は営業職本人の行動や言葉を、一歩引くような姿勢で観察しましょう。
　原則として、上司は話さず、介入もしません。もしも話したくなったら、その部分こそ大切なポイントなのだと考えて、後からそれをフィードバックできるようにメモしましょう。
　また、この同行では、問題点や改善点だけでなく、営業としてのよい部分も必ず見つけておきます。

　そして、訪問や面談の直後に振り返りをします。
　重要なのは、やはり質問をして考えさせること。ですが、ここで上司は「今の営業のどこがわるかったと思う？」と聞いてしまいがちです。部下の商談を聞きながら、もう指摘したくて仕方なくなっていて、解放されたようにダメ出しをしてしまうというケースです。
　そうではなく、まず「何点だった？」などと自己評価を聞き、その理由について掘り下げ、そしてまずは、その内容を承認します。そのうえで、フィードバックとして、まずよかったことを具体的に褒めるか、承認しましょう。
　続いて、部下の行動で気になったことを事実をもとに話し、その理由を聞きます。

「あのとき、○○と言ったけど、なぜそう言ったの？」

　そして、営業職からの返答を待った後で、上司から「お客様から見たら、○○と言ったほうがよいと思ったが、どう？」と見解を投げかけます。

　ここでも、いったん部下に考えてもらい、回答を出してもらいましょう。ここまできても不十分な気づきや考えしか本人から出てこないときは、最終手段として指導をします。

　指導では「何をどうすればよかったのか」を理由を添えて教えます。そして、今後に向けて、どんな習慣やスキルをどのように身につけていくかを本人と一緒に考えてあげてください。

　最後に、今回の訪問とフィードバックでの気づきについて確認します。「ここまでまとめると、どう？」。そこで答えを自分なりの言葉にして話してもらって、気づきの定着をうながすのです。

　「やってみせる同行も」、「やらせて、見る背面同行」も、いずれも原則としてその日のうち、それが無理でも翌日中には振り返りをしましょう。

　記憶が新鮮なうちがよいです。3日も経つと、部下はもう半分も覚えていないかもしれません。上司自身も記憶が塗り替わってしまう可能性もあります。部下から「そんなこと言ってないのにな」と思われ「もうこの人のアドバイスは受けたくないな」と心が閉じてしまっては、修復が難しくなりますので注意しましょう。

　このように、振り返りは早ければ早いほど誤解が少なく、当然ながら成長も早くなります。

●メンタルブロックを外す

　日々のロールプレイング練習や同行で、営業ノウハウへの理解が進んでも、実践に移せない営業職もいます。

　よくあるのは、自分がよいと思っている商品は売れるけれど、実は心の底ではあまりよい商品とは思えていない商品は売れないということ。

　売れている営業職のマインド・スタンスは、自分自身の好き嫌いとは関係なく商材を勧めることができます。自分では普段買わない商品だとしても、インターネットのレビューなどを参考に商品の長所を伝えられます。

　対照的に「自分が納得できないと勧めづらい」と思っていると、提案することも億劫になり熱意も出ません。たとえば「効果が出ないと思いこんでいるサービス」「自分とはデザインの趣味が合わない洋服」「自分はおいしくないと思っている食品」「値段が高すぎると感じているプラン」など、各業界で同様の話が聞かれます。

「きっと高いと言われるだろうな」
「断られるに決まっている」
「後でクレームにつながったらどうしよう」

と心の中に壁が立ちはだかり、営業トークがわかったとしても提案に二の足を踏んでしまいます。この心の中の壁のことを「メンタルブロック」と言います。

　メンタルブロックがあるときは、外すためのアドバイスも必要です。
　ここでは三つのアドバイス例を紹介しましょう。

　まず、「どうせ断られる」と営業職が感じているときに、私はよく「あなたのすごいところはお客様のことわり文句を予想できることです」と言って、「それ**自体がわるいことではない**」と伝えます。

指摘されそうな部分を予想できることは実際にすごいことなので、それぞれの「指摘されそうな部分」への対策を考えればよいと続けましょう。そうすることで、ポジティブなマインドになりメンタルブロックがゆるくなり、心の準備ができます。

　二つ目は、「捉え方を変えてもらう」という方法です。「奇抜なデザインは、個性」「中古商材の傷は不具合ではなく、状態」など、言葉を置き換えてみることで新しい見方を知ってもらいます。

　三つ目は、「その世界を体験させてみる」ことです。これは高いグレードの商材を提案する場合で、リクルートでCS推進室で大活躍され、その後、研修講師として独立した川原礼子さんが話していたことです。
　川原さんはまず「これを高いと思っていませんか？」と営業トレーニング対象者に聞くそうです。「はい」と答えたら、「その気持ちが、提案を妨げる壁になっていませんか？」とメンタルブロックの存在に気づいてもらいます。そしてメンタルブロックを外してもらうために宿題を出します。以下のような具合です。

　「今日の帰りに5分でいいから、あの百貨店のブランドショップに寄ってみてください。そこで店頭のバッグや時計を値段と、店内のお客様の様子を見てみて」

　そして翌日、どうだったかを聞きます。「50万円のバッグを買ってる方っているんですね」などと言われたら「その人が私たちのこの商品を買っていると思ったらどうですか？」と想像力を広げてもらうのだそうです。
　育成の際は、このように「自分の見ている世界」と「お客様が見ている世界」との差を埋めるためのアドバイスも大事です。もし、そこにメ

ンタルブロックがあれば外してもらう工夫をしましょう。

●ポジティブもネガティブも次に活かす

営業で「毎回の商談で100点を取り続ける」ということはなかなか難しいと思います。何かしら「もっと、できた」「あれは失敗した」ということが見つかります。

逆に、「0点」というのも、よほどの撃沈以外ではなかなかないと思います。点数は低くても「でも、あれはよかった」「ここだけは成功した」ということがあります。

加点と不足点の比率こそ違えど、どんな営業活動にも、よかった行動があり、わるかった行動があるはずです。

それに対して片方だけしか見ないというのはもったいない。100の事実のうち、100を活かしてほしい。つまり**ポジティブなよい面は再現を、ネガティブなわるい面は改善を**という、両面を検証して今後につなげていきます。

偶然が重なってできた結果だったときでも、どうしてよかったのか、わるかったのかをまた考えさせるのです。

これがPDCAのC（評価・検証）であり、A（改善）となり、そしてまた次のPDCAへとつながります。

3か月PDCAトレーニングでは、日々の営業活動でもこのPDCAを回し、さらに1か月ごとにプロジェクトのメンバーが確認・検証し、次につなげます。実にたくさんの振り返りと改善が生まれていることがわかることでしょう。成長のチャンスは無数にあります。

ところが、これを営業職一人ひとりに任せようとするとうまくいきません。ダイエットをしようと思った人が、知識があってもやせられない

のは、一人で目標を達成することの難しさの一例でしょう。結果にコミットメントするパーソナルトレーニングジムが広まった理由には、やはり「トレーナー」という伴走者がいることの価値が大きいのだと思います。

報告する相手があり、見てくれて、フィードバックをしてくれる人がいるからこそ、できることがあるのです。

みなさんの会社でも、営業職を一人にさせず、きちんと伴走者がついて目標を達成させるようにしましょう。

 ポイント

- まず、営業職を鼓舞するようなメッセージを発信し、自社オリジナル教科書を使ってインプットと考えるワーク形式の研修を行い、行動を変えてもらうことを意識させる。
- 1か月後に中間振り返り会を行い、2か月目には、1カ月目で取り組んだ行動や結果を評価・検証した状態から学びを積み重ねていく。
- 3か月目は、現実的な成果に結びつけてもらい、最終日に全体の振り返りとしての成長発表会を行う。

①現在地を把握してもらう

- トレーニングを本格化させるには、営業職には「今、自分はどのくらいの結果を出しているのか」という自身の状況を数値的に把握してもらう必要がある。
- 結果の観点では売上や物量が指標になり、スキル面ではヒアリングスキルやプレゼンテーション、クロージングのスキルレベルになる。
- まずは自分から話してもらい、続けて会社や上司の把握を伝え、ギャップを解消する。

②成長目標を設定させる

- 現在地を把握したら、成長目標を設定させる。トレーニングの仕方も期日と合わせて文字に落とし込み、「何をどうやって？」を繰り返して掘り下げる。

- 目標が低いと感じられた場合、営業計画とすり合わせて調整していく。

- 実現が難しいと思ったら、「この計画を立てた理由を教えてもらっていいですか」と質問を重ね、気づきを促す。

③成長への決意を書かせる

- トレーニング初日の最後に、「自分の成長テーマの決意を伴った言語化」をしてもらう。

- 本人達自身の「自分の言葉」で語ってもらうことが大事。スケッチブックに筆ペンで書いてもらい、皆の前で宣言する。そのスケッチブックを本人が持って記念撮影するなど、記憶に残りやすい方法をとる。

④「やってみせる同行」と「やらせて、見る同行」

- 営業同行は、営業ノウハウを知る際にも有効だが、トレーニングにも効果を発揮する。

- 営業のお手本として、営業現場でのやり方をやってみせる上司同行では、直後に振り返りをして、ポイントを整理する。

- 特に有効なのが、「背面同行」で、上司は何も言わずに営業職のやっているところを観察し、顧客先を出てから重要な示唆を出したり、必要に応じた指導をしたりする。

- フィードバックの際、「今の営業のどこがわるかったと思う？」と聞いてしまいがちだが、まず「何点だった？」と自己評価を聞くところから始める。その上で部下の行動で気になったことを事実をもとに話し、その行動の理由を聞く。

⑤メンタルブロックを外す

- 「自分が納得できないと勧めづらい」と思っていると、提案することも億劫になり熱意も出ない。そうした心の壁を「メンタルブロック」と呼ぶ。
- メンタルブロックを外すときには、まず、「勧めづらい」と思うこと自体はわるいことではないと承認する。その上で、捉え方を変えてもらうために、言葉を置き換えてみる。あるいは、商品がもつ世界観を体験させてみるのもよい。

⑥ポジティブもネガティブも次に活かす

- 実際の商談で、完璧も0点もあまりない。ポジティブなよい面は再現を、ネガティブなわるい面は改善をと、両面を検証して今後につなげる。
- これを営業職一人ひとりに丸投げするとうまくいかないので、上司が伴走しよう。

「引き出しを増やそう」

　本章では、指導のポイントを中心に説明してきました。

　「営業職に変わってほしい」という思いをかなえるために、実は営業職よりも先に指導者のみなさん自身が押さえておかなければならない物事がたくさんあったのではないでしょうか。

　「自分こそ変わるべきなんだ」という思いを持った方もいるかもしれません。しかし、どうでしょう。「変わるべき」と思うと、少し責められているような気持ちも出てくるのではないでしょうか。「変えなければならない」「変われ」「変えろ」と言われると、まるで今までの自分がすべて否定されたような気がしてきます。

　本章のはじめに私は「引き出しを増やしてみてほしい」ということを伝えました。

　今までのみなさんはそのままで、そこに新しいやり方を加えて実践してみてほしいのです。

　そのために本章では人材育成のいくつもの具体的な方法を説明してきました。今、みなさんの頭の中には多くの育成ノウハウが入りました。新しい「引き出し」ができた状態なのです。

　このことは、みなさんから営業職へメッセージを発信する際にも意識してほしいポイントです。

　営業職に「変わってくれ」と言うと、彼、彼女らは「今の私はダメなのだな……」と感じてしまうかもしれません。そうではなく「引き出しを増やしていきましょう」というメッセージを発信してみてください。

　営業職にはいろいろなタイプがいて、困りごとも異なります。

顧客の前で遠慮なしに話し続けてしまうタイプもいれば、顧客の話を聞き続けて提案ができないタイプもいます。臆さず話すことや真摯に聞くことは長所ですから、その長所を捨ててもらう必要はありません。

　話し続けるタイプには「3分に1回は相手に『どうですか？』と投げかける癖をつけましょう」「1日1回は相手の言葉を繰り返してみましょうか」、黙って聞くタイプには「提案する内容をあらかじめ用意しましょう」「手を挙げて意見を言う習慣をつけてみませんか」などの行動変容のアドバイスができます。

　そうして引き出しを増やすことで営業職は成長し、結果として変わります。

　成長を目の当たりにすることは、何とも言えない喜びです。確かに人材育成は時間も手間もかかります。ですが成長を感じられたときは本人はもちろんのこと、それを見るみなさんもきっと嬉しいはずです。

　次章は、いよいよ本書の締めくくりです。営業職がどのように成長したかを見ていきましょう。

 ポイント

- 「変わってくれ」と言われると、責められているか、否定されているような気がしてしまう。
- そのため、「変わってくれ」ではなく、「引き出しを増やそう」というメッセージを発信するとよい。

column

1on1を憂鬱な時間にさせないポイント

　上司と部下での1対1のミーティング「1on1」を実施している会社も多いと思います。ここで「1on1の日が近づくと憂鬱になります……」という上司や部下はいないでしょうか。そこで1on1を憂鬱な時間にさせないための、ちょっとしたポイントを紹介します。

　まず前提として1on1はダメ出しの場ではありません。1on1に限りませんが、上司が口を開けばいつも「あなたのここはこうすべきです」という指摘ばかりだと、たとえその内容が間違っていなくても部下はどんどんと萎縮してしまいます。これではせっかくのよいアドバイスがもったいない。アドバイスの前に、まずは相手のよいところを承認しましょう。これは「今時の若者はほめなければダメ」といった話ではありません。「よかったことは継続してね。そのうえでさらによくなるために1つ伝えると──」というメリハリも効くため、部下も聞く耳を持ってくれます。

　さらに一度の1on1ではその時にもっとも重要な一つだけを伝えることもポイント。伝えたいことがたくさんあっても、一度にたくさん伝えては部下も覚えられません。一つに絞ることで部下の心にも残ります。

　もし毎週30分ずつの1on1を実施しているのであれば、それぞれの週でテーマを変えると、マンネリ化を防ぐ意味でも有効です。たとえば毎月の1週目は中長期の視点で3か月の目標に対する進捗状況について、2週目は目の前の案件の相談、3週目は仕事に向かう気持ちやモチベーションに関して、4週目はフリーテーマでざっくばらんに……というようにそれぞれの週で変化をつけてみます。また、時には、1on1の上司と部下の組み合わせを変えるというのも

よいでしょう。

　そして、1on1は「今日の1on1では何を感じましたか？」や「何を学びましたか？」と質問で終わることも大事。部下が時間を通じて何を受け取ってくれたかを確認しましょう。

第 **6** 章

教科書による成長の成果

成長成果を言語化して共有する。
そのことが次世代のトップ営業とさらには指導者を
うみだしていく。
属人的なノウハウが、組織の知恵となる。

1 言語化が最強のソリューション

　自社オリジナル教科書によってまとめた営業ノウハウを、営業職は日々のトレーニングを重ねながら身につけていきます。

　このいずれの過程も言語化を試みていたことに、みなさんはすでに気づいていることでしょう。営業ノウハウを言語化し、成長目標を言語化し、PDCAを回す際にも「言葉にしましょう」と伝えてきました。

　では改めて、なぜ言語化が大切だったのかを思い起こしてみてください。そして自分なりの答えも実際に言葉にしてみてください。

　言語化が大切な理由。それは共通認識を作り、**再現性を上げるため**です。Goodスパイラルを実現してもらったり、繰り返してもらったりするために言葉にしてもらいます。特に**「文字にすること」**が効果的です。

　単に口頭で話しただけでは「伝えたつもり」「わかったつもり」になりがちで、後から振り返ることもできません。よくあることですが、もう一度話してもらうと、違った内容になっていたりもします。

　本章では、自社オリジナル教科書での成長の成果を見るための「成長発表会」について主に紹介していきます。

　そして成長の成果もまた、言語化してこそ定着しますし、社内に共有されます。本人に成長を実感してもらい、プロジェクトとしても成長を感じ、次の成長への原動力とするためにも言語化していきましょう。言語化こそ人材育成のための最強のソリューションです。

ポイント

● 共通認識を作り、再現性を上げるためにも言語化が欠かせない。
● 特に、文字にすることで形に残り、振り返ることができる。

2　成長発表会も育成の場

　成長発表会とは、私が3か月PDCAトレーニングをやるときに締めくくりとして最終日に行うものです。

　簡単に言えば、営業職一人ひとりが経営陣に向けて、その3か月のトレーニングをどのように取り組み、どんな成長の結果と、それに伴う業績評価（営業成績の向上）が出たのかを発表します。

　3か月PDCAトレーニングのはじめに成長への決意を書いて発表した際、心構えを持ってもらうために、一種の演出的要素を入れていましたが、この成長発表会も演出も含めた特別なものにします。それによって営業職自身に成長の成果を印象づけてもらいたいからです。

　また、こうした特別な発表があるとトレーニング初日に営業職に伝えることで「否が応でも結果を出したい」という気持ちにさせる狙いもあります。

　営業職も、育成する立場の管理職も、プロジェクトのメンバーも皆が本気で取り組んでいれば、しっかりとした成果が出ます。

　ただ、それを「成長発表会で発表してください」と言うだけではなく、**成長発表会も貴重な育成の場**としたいものです。「経営陣が参加する」という点では特に意義が大きいとも言えます。

　営業職には発表用の資料を作ってもらうことで言語化を図ってもらい、そして口頭で発表することでその成長を実感してもらいます。

　さらに、発表を聞く経営陣や上司から直接フィードバックを受けることで、今後の成長への意欲を高めてもらうという取り組みです。

　そこで人材育成の効果を最大限に高めるためには、営業職・経営陣そ

れぞれに準備の依頼を行う必要があります。

●入念な準備で臨む

　まず営業職がすべき準備から説明しましょう。

　営業職には当日、1人10分程度の発表をしてもらいます。

　基本的にはこれまでの章で説明してきたように、自己評価をしてもらい、その評価となった要因、そしてそこから得られた気づきや学び、今後の課題、そして改善点をスライド資料にまとめてもらいます。

　つまり、その資料には3か月間のPDCAがひとまとめになっているということです。

　資料は「自由に作ってください」と言うと、人によって出来にかなりの差がつきます。「コツコツ頑張りました。以上」と、単なる報告会議をしていた頃に逆戻りする可能性もあります。

　そのため、資料にまとめる観点を提示するという意味合いで、一定のフォーマットを渡すようにしましょう。資料の構成例は次のとおりです。

- 表紙
- 目次（発表の流れ）
- 今回のトレーニングにおける結論（一言キャッチコピーや三つの箇条書きなど）
- トレーニングスタート前の自分の状態と、当時に設定した各種目標やアクション、実際のトレーニング期間の取り組み
- 営業業績の結果（成果レベルごとの件数と代表的な案件事例）
- エピソード（以前までの顧客の反応とトレーニング後の反応、取り組みと考え方）
- 自身の成長の概略と成長成果
- 自身の成長の要因（どのトレーニングが効果を発揮したかなども含

めて）

- 今回のトレーニングで強く感じたこと、考察
- 今後のさらなる成長課題

　資料をまとめてもらったら一度、事務局などの、プロジェクトを客観視する役割を担っているメンバーが「客観視レビュー」をします。

　客観視レビューとは、「内容がわかりやすいか」「結果と要因の関係性などロジックは成立しているか」「小さな成果を見逃していないか」「過小評価になっていないか」「人に重要なポイントや魂をこめた部分の熱意は伝わるか」「具体性があるかどうか」などについての確認とフィードバックです。

　客観視レビュー後は、発表内容をブラッシュアップしてもらいます。このブラッシュアップは必ず行ってください。せっかくの成果も人に伝わらなければ意味がなく、この客観視することは、最重要ポイントだからです。

　そして、ブラッシュアップが終わったら、営業職本人にはそれをもとに、発表の練習をしておいてもらいます。自身で練習計画を立ててもらってもいいですし、誰かを相手にロールプレイング練習をしてもいいでしょう。まさにプレゼンテーションの練習でもあるわけです。

　次に経営陣がすべき準備について。

　経営陣は発表後に質疑やフィードバックを行います。これも一人の発表者に対してフィードバック者陣営トータルで10分程度です。

　その際は、これまでにも説明してきたように、指示・指導ではなく育成をしてほしいということを伝え、参加する上司や経営陣もそれをきちんと理解しておく必要があります。**間違ってもダメ出しの場にしないこと**。皆の前でのダメ出しは、実は狙った効果が現れません。逆に皆の前で承認することにこそ、相乗効果があるのです。

　最後にプロジェクトのメンバーは成長発表会のタイムテーブルや当日の会場や会議室をおさえます。また、図表6-2で紹介する「聞き取りシート」と、発表を聞きながら気づいたよかったことなどをメモするための大きめの付箋もそろえておきましょう。

●成長プロセスの共有による相乗効果

　成長発表会はトレーニング対象の営業職の人数にもよりますが、半日程度かけます。

　最初にプロジェクトのメンバーから、この3か月の成果を発表する場であることなどを説明します。その後は、1人ずつ発表です。

　発表用のスライドは10数枚になるため、1人10分程度をとります。事前に事務局の客観視レビューで資料を確認する際に、資料があまりにも膨大になっていれば、端的に発表できるように調整してもらいます。

　発表を聞くときには、経営陣も他の営業職も「聞き取りシート」に記入してもらうようにします。

　成長発表会は本人にトレーニングや、その成果を振り返ってもらいますが、加えて、そこにいる全員が**成長の結果とその過程を認識し共有する**ことが非常に重要です。

　成長の成果とその過程を言語化したことで、それぞれの取り組みが共有されます。すると営業職同士でも「なるほど、こういうケースやタイプ、やり方もあるのか」「他の人はこう考えるんだな」などの相互理解を深めることができます。

　人によってはトレーニング期間中にも他の営業職を横目で見ていたかもしれません。ですが、そこまで余裕がない方もいますし、普段から他人のことを気にしていない方もいます。

　あえて、発表会という場をセッティングすることで営業職同士に新たな気づきが生まれ、よりよく活動していくための成長タイプ別のノウハ

前半	13：00	10分	はじめに
	13：10		
	13：20	20分	発表1人目
	13：30		
	13：40	20分	発表2人目
	13：50		
	14：00	20分	発表3人目
	14：10		
	14：20	20分	発表4人目
	14：30		
	14：40	10分	前半のまとめ挨拶
休憩	14：50	10分	
後半	15：00	20分	発表5人目
	15：10		
	15：20	20分	発表6人目
	15：30		
	15：40	20分	発表7人目
	15：50		
	16：00	20分	発表8人目
	16：10		
	16：20	10分	総評
	16：30	10分	連絡事項、終わり

ウが共有されます。

　同時に、育成する立場の管理職やそれまでプロジェクトにあまり関わってこなかった経営陣は「**営業職にもさまざまな成長タイプがいる**」と実感することになります。

　話し続けるタイプもいれば、黙り続けるタイプもいる中で、それぞれ

がどのようにトレーニングを重ねて成果に結びつけていったのか。一律な人材育成では効率的でないことが改めて共有され、今後の育成計画にも役立つことでしょう。

私は成長発表会を行った営業職の方からこんな感想をもらったことがあります。

「今まで自分はダメダメな営業だと思っていたんです。けれど、自分はこの会社にいて、そして営業力を磨いていけばいいんだって思えました」

この方は決して営業成績がわるいわけではありませんでした。けれども、いつも先輩社員や上司からダメ出しをされ続けてきたために「自分はダメダメ営業なのだ」と刷り込まれ、会社での存在意義すら見出せない状態だったのです。

一方の先輩社員や上司は、この方をわるいと評価していたわけではありません。ダメ出しは成長への期待ゆえでした。しかし、お互いの見方がすれ違い、このような状態に陥っていました。

その認識が、このトレーニング期間中のフィードバックと、そして発表会で成長の結果を承認されたことで180度変わったそうです。

もしかしたら、同じような状況の方がみなさんの会社にもいるかもしれません。**適切な人材育成は大きなすれ違いをなくすことにもつながっ**ていきます。

	取り入れたい事 （よいと感じた事）	今後さらに期待するところ
さん		
さん		
さん		
さん		
自分		

	【半年後に営業として何をどの レベルで達成できるようになっ ているか】	【半年後の為にまず来月から 何をどのように鍛えるのか】
全ての発表か らの学びと今 後の成長重点 テーマ		

図表6-3　聞き取りシート（経営陣・管理職用）

	成果として評価できる部分	今後、引き続き期待したい部分
さん		
さん		
さん		
さん		
さん		

総評	

- 3か月PDCAトレーニングを行ったら、その締めくくりに成長発表会を行う。
- 営業職一人ひとりが経営陣に向けてトレーニングをどのように取り組み、どんな成長の結果と、それに伴う業績評価（営業成績の向上）が出たのかを発表する。
- 成長発表会があることで、営業職自身に成長の成果を印象づけてもらうことができる。さらに、「否が応でも結果を出したい」という気持ちにさせる狙いもある。
- 営業職には、自己評価、その評価となった要因、そこから得られた気づきや今後の課題、改善点をスライド資料にまとめてもらい、10分程度で発表してもらう。これで3か月間のPDCAを振り返ることができる。
- 資料を纏めてもらったら、プロジェクトを客観視する役割を担っているメンバーがレビューをし、それを受けてブラッシュアップしてもらう。
- 経営陣には、ダメ出しをするのではなく承認・育成のためのフィードバックを行うように伝える。
- 成長発表会では、営業職本人だけでなく、全員が成長の結果とその過程を認識し、共有することが大事。
- 管理職や経営陣も、「営業職にもさまざまな成長タイプがいる」ということを実感することになる。

自社オリジナル教科書を更新する

　ここで改めて、この成長発表会までの取り組みで得られるものについてまとめておきます。自社オリジナル教科書から得られるものは大きく分けて5つあります。

●社内の共通言語と成長基準

　一つ目は、自社オリジナル教科書を作っていく過程で、共通言語や成長の基準ができたことです。「営業は人間力だ」といった曖昧な基準ではなく、数値化できるものに置き換えて成長の評価基準を作ってもらいました。

　これなしには、それぞれがまるで別の言語で話し合っているような状態で、食い違いも多かったはずです。

●売れる理由・売れない理由の分析

　営業ノウハウを棚卸ししたことによって、売れている営業職のやっていることと、売れていない営業職のやっていることがわかりました。

　これにより「なるほど、○○をやっているから営業成績が上がっているのだな」などとわかるようになり、必要な観点や的確な行動変容のアドバイスが可能になりました。

●打ち合わせや営業同行などでの育成

　育成におけるコミュニケーションを学び、実践したことで、これまでの打ち合わせの場などを効率的な育成の場へと変えられるようになったと思います。

　質問して考えさせること、PDCAを回すことなど、これらはあらゆる

場面に応用できます。

●成長タイプ別の育成ノウハウ

個別インタビューや成長発表会で個々の取り組みや、課題への向き合い方を観察したことで、営業職一人ひとりの違いを感じてもらえたかと思います。

加えて、「どのように指導や示唆を出していくと上手に育成できるのか」という**育成ノウハウも蓄積された**ため、今後の人材育成に役立てることができます。

また、はじめはトレーニング対象者だった営業職も、以後はロジカルで客観的な後輩指導ができる状態になります。これはかなり**大きな産物**になります。

●自社オリジナル教科書の更新

成長発表会では、上司や経営陣だけでなく、プロジェクトのメンバーも営業職の発表をみずみずしく聞いたことでしょう。そこで出てきた新たな営業ノウハウもあったでしょうし、逆に今後の課題も見つかったと思います。

自社オリジナル教科書は「バージョン1」を作って終わりではありません。この新たな営業ノウハウや課題から「バージョン2」へと更新します。

そして、今度は別の育成対象者用に向けた新しい自社オリジナル教科書を作ってみるのもいいでしょう。

これまでが「今いるボトムの営業職をミドルに引き上げるもの」だったのなら、次は「新卒社員用に営業ノウハウを伝えるもの」でもいいと思います。

自社オリジナル教科書では、業界や顧客、同業他社の知識をまとめて

います。新卒社員用のものを作成するなら、ここにさらに深めの業界内の規則や慣習、また簡単な会社の組織図の説明、各種会議体の説明、社内ルールとルールの背景や意図などをつけて、正しい会社理解や業界理解につなげるツールとするとよいのではないでしょうか。

ポイント

- 自社オリジナル教科書を作ることで、社内の共通言語や成長の基準ができる。
- 営業ノウハウを棚卸しすることで、売れている営業職のやっていること、売れていない営業職のやっていることがわかる。
- 育成におけるコミュニケーションを学び実践することで、打ち合わせの場などを効率的な育成の場へと変えることができる。
- 営業職一人ひとりの違いに応じた育成ノウハウも蓄積されるので、今後の人材育成にも役立つ。さらには、こうして育った営業職は、以後は後輩指導もできるようになる。
- 自社オリジナル教科書は「一度作ったら終わり」ではなく、新たな営業ノウハウや課題を踏まえて更新する。

4 成長の先にあるもの

私は本書で、この「自社オリジナル教科書はマニュアルではない」と伝えてきました。

属人的で、ときには職人化されてしまいがちな、「売れる営業ノウハウ」を明らかにし、言語化して他の営業職でも活用できるようにナレッジ化しました。

しかし、自社オリジナル教科書は「そこに書かれたものだけをコピーすればいい」というものではありません。「これでなければいけない」とガチガチに人を型にはめるようなものではないのです。

ときにベテランの営業職は、部下を指導しようとして、自分のセリフを一言一句たがわず真似させようとします。

そこでトークスクリプトに「弊社は各々の部門が業界屈指の技術を保持していることを矜持とし、業務に携わっております」などと書きますが、それはそのベテランのキャリアであれば説得力があるものの、若手が言葉だけを暗記してもぎこちなく、薄っぺらく聞こえることがあります。まるで子どもが大人の服を着ているような雰囲気です。

営業職の育成とは、自分の完全なコピーを作ることが最終目的ではありません。

「守破離（しゅはり）」という、武道や茶道でよく言われる教えがあります。これらの修行において、まずは完全に模倣する（守る）、次に基本をマスターしたうえで初めて自分の感性を加えて超えていく（破る）、そして自分流にしていく（離れる）という過程を辿るということです。

営業職の場合もこれと同じだと言えるでしょう。

　まずは「守」の段階で、一定の型を覚えてみる。そこで結果を出せるようになってもらいます。自社オリジナル教科書では、そこでたった一人の上司のやり方を「型」とするのではなく、売れている営業職たちと売れていない営業職たちとの差分からトレーニングすべき部分と効果的な行動変容を型として導きだしました。

　今まさに現場で使われている行動やトークであり、それが自社の目の前の商材の売れるノウハウだからこそ、違和感なく役立てることができます。

　営業職として成績が上がることは、やりがいにつながります。すっかり営業ノウハウを身につけると、「自分なりのやり方を見つけてみよう」という創造的な「破」や「離」の段階へと進みます。

　そこでゆくゆくはその人が見出した営業ノウハウが、自社のスタンダードな営業ノウハウになる可能性も十分にありえます。自分の成長が人の成長にもつながるのです。

　人の役に立っているという実感は、この上ない喜びになると思います。成長した営業職が、また次の営業職を育てていく。

　人は成長していきます。人材育成の道筋に果てはありません。

ポイント

- 営業職の育成とは、自分の完全なコピーを作ることが最終目的ではない。「守破離」のように、基本の「型」を覚えればそれを超え、自分流にしていくものである。
- 営業職として成績が上がることは、やりがいにつながる。営業ノウハウを身につけると、「自分なりのやり方を見つけてみよう」という創造的な段階へと進んでいく。

学び上手になってもらうためのひと工夫

　本編に採り上げた、私がホットペッパーにいた時代に作った「一人前パック」の冒頭には、こんなことを書きました。

　「後輩が入ってきたときにはあなたが教えてもらった上司・先輩の知恵を後輩に伝えて、職場ぐるみで成長し合える風土を作りだしていくことを期待されています。」

　これは、知識やスキルを学ぶ側は、ただ「教えてもらう」という受け身の姿勢ではなく、「自分から学び取り、今後さらに組織の一員として次につなげていく」という主体的な姿勢を持ってもらいたいというメッセージでした。

　そしてこれを単にメッセージに終わらせず、応用したものが「学び日報」です。メールでもチャットツールでも何を使ってもよいので、たとえば入社後の1か月間は毎日「その日得た三つの学び」を5分ほどで書いて営業部署全体に報告してもらいます。入社直後は新卒でも中途でも学ぶことは多くなります。ですが、あえて三つに絞ってもらいます。これは優先順位をつける練習にもなります。1か月もすると、だんだん学ぶことが減りますが、小さなことでもよいので1日三つは学び、報告してもらう。本人が学びをアウトプットすることで定着につながります。加えて直接の上司だけでなく、営業部全体の先輩たちも新人の学習状態が共有されるので、ねぎらいの声もかけやすくなります。

　私がなぜ「学び日報」を提案するのかと言えば、いわゆる研修期間中に先輩への営業同行をしても、ただ見ているだけで毎日が過ぎ

るというケースがあるためです。「学び日報」とは「同行したら必ずそこで学び取ってください」というメッセージであり、具体的な取り組みです。そして履歴が蓄積されることで本人が学習を自覚することにもなり、不足している観点も見出せます。

　また、話は前後しますが、商談よりも事前に学びの視点を得てもらうためには、商談先の情報をあらかじめホームページなどで調べるなどして、相手のニーズや背景について仮説を立ててみるというのもよいでしょう。

　本書は指導者が育成力を上げて「教え上手」になることの大切さについて話していますが、一方で育成対象者である本人たちには「学び上手」になってもらうことも大切。「教え上手」と「学び上手」が組み合わされば、成長のスピードは格段にあがります。

おわりに

　私が人材育成に関心を持ったのは、1992年にリクルートに新卒で入社した当初の研修でした（バブル崩壊直後でした）。

　新入社員四人に、トレーナーが一人つくというグループワークがありました。そこではロールプレイング練習をビデオに撮影し、後から客観的に自分たちの姿を振り返るという経験をしました。

　このワークは他にも、トレーナーの的確な投げかけをはじめ、社会人経験がこれから、という自分にとっては初めての経験ばかりで、とても新鮮でワクワクしました。新人ながら「動画に撮って、後から自分で見返すなんて、なんとも合理的だな」と生意気にも感じたことをよく覚えています。私は求人広告の制作クリエイティブ職として入社しましたが、この研修は本配属の前に受けさせられる、強制的な飛び込み営業などの実地も含めた3か月間の新人営業研修です。

　このとき、「研修とは楽しいものだな」と思ったものです（名刺獲得キャンペーンという、霞が関ビルなどを「ビル倒し」というネーミングで飛び込み営業する毎日は正直、当時の自分にはつらいものでしたが）。

　なぜならば、明日の自分に具体的に役立てる仕立てだったからです。そして、この瞬間に「『育成の仕方』って大事だ！」と心に強く思ったのです。

　そして、その後もリクルートではとても多くの研修を受けました。また同時に、個人的にも社外の自己啓発をはじめとした、たくさんのワークショップや研修に参加しました。

　その中で感じたのは「世の中には『楽しい研修』と『つまらない研修』がある」ということでした。

　「つまらない研修」とは、その研修だけでしか使わない特殊な用語や

一方的で汎用性に乏しい教えが出てきたり、特定の業種にしか役立たないテクニックの説明などを一方的に叩き込まれる研修です。

研修を受けているときは、そこまで違和感がないのですが、さて研修の時間が終わると「あれ？ それで明日は何をすればいいんだっけ？」と迷走したり、はたまた思い返されることもなく忘れてしまったりします。

一方で「楽しい研修」は大違いです。わかりやすく、理解しやすいシンプルなフレーム。フレームの必要性や使い方は、的確な事例を交えながら説明され、すっと腹落ちします。

自分が明日からすべきことは、もう研修の時間内に自己ワークやグループワークなどから落とし込みがされ、しかも応用展開がしやすい。それを実践できる明日が来ることに、期待と高揚を感じられるほどでした。

「楽しい研修」つまりは「明日、役立つ研修」でなければ意味がない。

多種多様な研修を受けることから私はそのように考え、やがて興味は研修自体へと広がりました。

また同時に私はリクルートに在籍していた頃に、会社から「効果が出ている広告の、効果が出る理由の構造化とその広告の提案ロジックの言語化」をミッションとして受けました。ホットペッパー事業で顧客に提案する広告について、より集客につなげられるような広告設計と提案の関係性を含めた構造を研究して、組織内に成功事例として応用展開するミッションです。

ここで多くの営業職へのインタビューをしたことが「売れている営業職と売れていない営業職のやり方の差を言語化すると、抽象化された外部研修よりも現場で生きる研修になるのでは」と考えたきっかけです。

そうしてその事業・会社にピンポイントで役に立つ人材育成支援を考え続けて今に至ります。

本書はそうして約30年かけてブラッシュアップし続けた「自社オリジナル教科書」をどんな会社でも作ることができて、そしてトレーニングができるように書きました。

　経験により、人は成長します。本書も読んで知るだけでは意味がありません。使ってみることで成果につながるはずです。

　本書をきっかけに、多くの会社で営業職、そして育成する人材が育っていってくれるなら、著者としてこれほど嬉しいことはありません。

　最後になりますが、本書の企画、構成、執筆にあたって、日本能率協会マネジメントセンターの編集者の東寿浩さん、編集協力として三坂輝さんには、チーム体制で多大なご尽力をいただきました。本書の制作もわたし自身が得てきた経験やノウハウを一度、客観的に棚卸する作業になりました。属人化したままでは世の中のお役にも立ちづらい。この出版の機会に一度、ナレッジを客観視できたことは、新たな起点となると感じています。

　今後も日本の多くの会社で、人が成長していくことを願ってやみません。

加藤じゅういち

【著者紹介】

加藤じゅういち（かとう・じゅういち）
株式会社Loophole japan代表取締役
1992年、武蔵野美術大学視覚伝達デザイン学科卒業。株式会社リクルートへ新卒入社、21年半在籍。
HR事業のクリエイティブディレターから、広報室、進学事業、ホットペッパー事業、人事教育グループを渡り歩く。営業への同行を通じて、売れる営業と売れない営業の両方を目の当たりにし、その差分を研究。即戦力を育成するノウハウを開発してきた。
その後、外資系ディーラー企業でのセールストレーナー、ベンチャー企業の取締役を経て、2017年、Loophole japan（ループホールジャパン）を創業。2019年に株式会社として法人化し、現在に至る。

TOP営業を育てる自社オリジナル教科書の作り方

2024年3月10日　初版第1刷発行

著　者——加藤じゅういち
　　　　　ⓒ2024 Jyuichi Kato
発行者——張　士洛
発行所——日本能率協会マネジメントセンター
〒103-6009 東京都中央区日本橋2-7-1　東京日本橋タワー
TEL03（6362）4339（編集）／03（6362）4558（販売）
FAX03（3272）8127（編集・販売）
https：//www.jmam.co.jp/

編　集　協　力——三坂　輝
装　　　　　丁——冨澤　崇（EBranch）
カバーイラスト——木村　吉見
本　文　D　T　P——株式会社森の印刷屋
印　　刷　　所——広研印刷株式会社
製　　本　　所——ナショナル製本協同組合

ISBN978-4-8005-9184-5 C2034
落丁・乱丁はおとりかえします。
PRINTED IN JAPAN

営業スキル 100の法則

菊原智明 著

営業にとって必要な基本スキルを、マナー・アポ取り・トーク・クロージングなど10章構成、100の法則で読みやすくまとめました。営業スタッフのスキルが上がり、そして結果に繋げるための一冊です。

四六判 240 ページ

[主な目次]
第1章　営業の基本・マナー／第2章　初対面・アポイント取得のスキル／第3章　お客様の気持ちをつかむ営業トークのスキル／第4章　商談をスムーズに進めるためのスキル／第5章　確実に契約に導くクロージングのスキル／第6章　アフターフォロー・紹介のスキル／第7章　営業を効率化するための営業ツールのスキル／第8章　クレーム・トラブルをチャンスに変えるスキル／第9章　リモート営業のスキル／第10章　メンタルタフネス・モチベーションアップのコツ

日本能率協会マネジメントセンター

もっと成果を出すための 売れる営業のルール

酒井とし夫 著

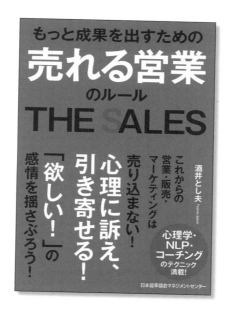

営業成績のいい人とそうじゃない人の差は、じつは紙一重です。その差は、「売れる方法」を知っているかどうか。本書では、心理実験の結果やNLP営業術、コーチングの技法などに基づく営業法をやさしく説明していきます。

四六判 240 ページ

[主な目次]
第1章 初対面の印象を良くするルール／第2章 「あなたから買いたい」と言われる信頼構築のルール／第3章 お客様の心の声を知るルール／第4章 お客様をその気にさせるセールスのルール／第5章 苦手を克服し、モチベーションを高めるルール／第6章 営業が知っておきたいSNSのルール

日本能率協会マネジメントセンター

マンガでやさしくわかる 知識創造

西原（広瀬）文乃 著／
ユニバーサル・パブリシング シナリオ／藤沢 涼生 作画

「知識創造」を実践すれば、新たな価値を創造していくことができます。また、ご自身のリーダーシップの能力や組織の機動力も高まります。マンガのストーリーを参考に、ナレッジマネジメントを実践していきましょう！

四六判 224 ページ

[主な目次]
プロローグ 「知識」に注目すれば組織が変わる／第1章 知識創造の神髄、SECIモデル／第2章 SECIが回る「場」のつくり方／SECIを回すワイズ・リーダーシップ／あなたの組織にイノベーションを／エピローグ 知識創造の実践は終わらない

日本能率協会マネジメントセンター